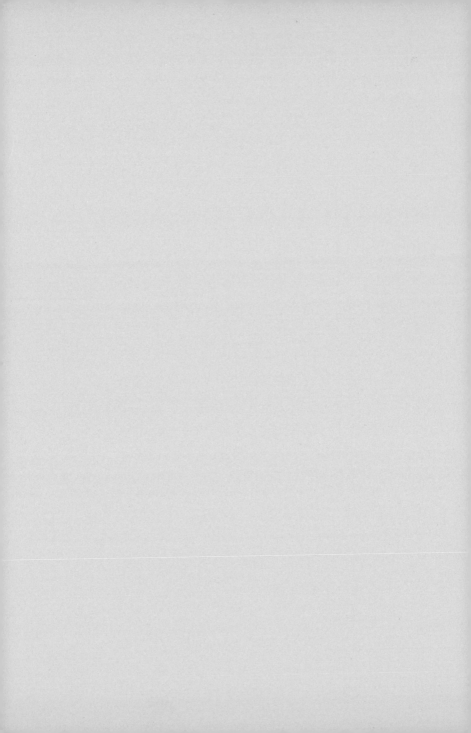

투두리스트, 종이 한 장의 기적

TO DO LIST

Date. _____

☐ **투두리스트, 종이 한 장의 기적**

☐ 심미래 지음

TO DO LIST

☆ ☐ _____

☆ ☐ _____

☆ ☐ _____

☆ ☐ _____

☆ ☐ _____

☆ ☐ _____

☆ ☐ _____

☆ ☐ _____

┌─────────────────────────┐
│   │
└─────────────────────────┘

스토리닷

목차

PART 2.
실행하는 힘
투두리스트

PART 3.
내 꿈이 반영된
투두리스트

EPILOGUE

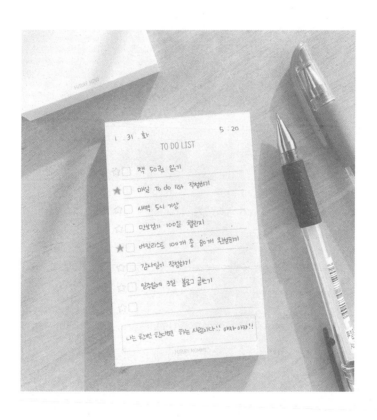

투두리스트를 썼을 뿐인데

"혹시 투두리스트 관련 책을 써볼 생각 있으실까요? 내년 초 출간하면 좋겠네요."

지난여름 밤, 한 통의 메시지를 받고 심장이 미친 듯이 두근 거렸다. '와, 미쳤다. 책 출간이라니. 이것도 가능하다고?'

지난 4년을 돌아보면 '트루먼쇼(1998년에 개봉한 짐 캐리 주연의 영화로, 현실처럼 꾸며진 세트장 안에서 살고 있는 주인공이 모든 것이 각본에 따라 진행되고 있다는 사실을 깨닫게 되는 이야기)인가?' 싶은 생각이 든다. 나를 위한 각본이 있는 건 아닌가 싶을 정도로, 갖 고 싶은 것들이 내 손안에 들어왔고, 꿈꾸던 일들이 하나둘 이 루어졌다.

롤 모델인 김미경 강사님과 식사 할 기회가 생겼고, 다섯 번 넘게 읽은 인생 책《엄마의 주례사》의 김재용 작가님 댁에서 맥주 한잔하며 대화를 나눌 수 있었다. 혼자만의 취미인 노래 부르기를 즐기다 200명이 넘는 사람들 앞에서 노래를 불렀고, 당당한 걸음걸이를 배우러 갔다가 패션쇼 무대에 모델로 서기도 했다. 갑자기 밑도 끝도 없이 생겨난 자신감으로 인생 계획에도 전혀 없었던 미인대회에 참가해 수상하기도 했다. 학창 시절 한 번도 하지 못했던 우등생이 되어 노트북을 선물 받고, 또 몇 번이나 장학생이 되었다. 또한 콘테스트에서 1등을 하며 100만 원의 상금을 받는 등 줄줄이 이벤트 당첨 소식이 이어졌다. 나는 그동안 작심삼일의 대표 주자였지만, 좋은 습관을 만들기 위해 노력한 100일 프로젝트를 6번이나 성공적으로 완료했다. 그뿐만이 아니다. 나만의 상품을 만들고 디자인 특허를 등록했으며, 꿈꾸던 자기 계발 커뮤니티 리더가 되고 강의도 했다. 최근엔 어릴 때부터 꿈꿔왔던 카페를 오픈했고, 그리고 지금은 인생 버킷리스트 중 하나인 책을 쓰고 있다.

굉장히 활달하고 적극적인 사람처럼 보이겠지만, 사실 나는 가끔 혼자만의 시간이 꼭 필요한 내향형 인간이다. 발표 시간이 다가오면 앞사람이 말할 때부터 심장이 콩닥콩닥 뛰고 얼굴이

빨개지는 수줍은 성격이다. 그리고 스스로 답답하게 느낄 정도로 표현에 서툰 내성적인 성격이기도 하다. 그럼 혹시 계획형인 J일까? 그것도 아니다. 좋게 말하면 계획에 대한 유연함이 넘친다고 할 수 있지만, 사실은 자기합리화를 잘하는 미루기 대장이다. 그렇다면 원래 꿈이 많았던 사람일까? 고등학교 졸업할 때까지도 하고 싶은 것도 없고, 좋아하는 게 무엇인지 몰라서 방황하기도 했다. 그래서 내가 한 일들이 더 신기하게 느껴진다. 어떻게 이렇게 많은 일들이 짧은 시간 안에 이루어질 수 있었을까?

스무 살 무렵, 다이어리 한쪽에 하고 싶은 일들을 적기 시작했다. 그냥 생각나는 대로 적었던 사소한 목록은 시간이 지날수록 많아졌고, 조금씩 대담해졌다. 언젠가 이루어질 긍정적인 미래를 상상하며 적는 것만으로도 행복해져서 취미처럼 적곤 했다. 그리고 적은 목록들을 보며 기회가 될 때 하나씩 천천히 실행했다. 덕분에 오로라를 보러 가고, 뮤지컬 무대에 서는 등 큰 버킷리스트도 하나씩 이루어졌다. 그런데 가장 정신없고 바쁜 애 둘 맘 엄마가 된 직후, 이상하게도 더 많은 것들이, 더 빠르게 이루어지기 시작했다. 아이를 낳으면 내 생활은 몇 년 동안 없을 거라고 생각했는데, 갑자기 한꺼번에 모든 일이 술술 더 잘 풀렸다.

돌아보니 그 시작은 바로, '투두리스트'였다. 어느 날, 바쁘고 힘든 하루가 끝날 즈음, 허무함이 밀려왔다. 마음이 힘들던 그때, 변화를 위해 노력하다 찾은 것이 투두리스트다. 종이에 할 일을 적는 단순한 행동으로 내 하루는 완전히 달라졌다. 아침에 일어나 하루를 생각하며 투두리스트를 썼을 뿐인데, 내가 하고 싶던 일들이 실제로 하나둘 이루어지기 시작했다.

투두리스트(To do list)는 말 그대로 해야 할 일을 작성한 목록이다. '할 일 목록'이라니 생각만 해도 갑갑하고 재미없다. 해야 할 일을 가득 적은 종이를 본다는 것 자체가 스트레스를 불러오는 일이기 때문이다. 그런데 게으르고 미루기 대장인 내가 어떻게 4년이나 넘게 투두리스트를 꾸준히 작성할 수 있었을까? 그 이유는 투두리스트를 '할 일 목록'으로 보지 않고, '하고 싶은 일 목록'으로 만들었기 때문이다.

하고 싶은 일들을 적고 그중 몇 가지를 선택해 그 일을 위해 당장 오늘 할 수 있는 아주 작은 실행을 한다. 이 작은 실행은 간단하고, 당장 시작할 수 있을 만큼 쉬운 일이어야 한다. 때로는 일회성일 수도 있고, 장기적인 프로젝트일 수도 있다. 상관없다. 중요한 건 내가 '하고 싶은 일'이라는 것이다. 매일 내가 하고 싶은 일들로 하루 계획을 세우며 주도적인 하루를 만들어 가는 것이다. 이것이 바로 인생의 허무함을 극복한 방법이고, 투두리스트를 쓰는 목적이기도 하다.

투두리스트를 4년 넘게 쓸 수 있었던 또 다른 이유는 심플하기 때문이다. 큰 비용이 드는 것도 아니고, 시간이 오래 걸리는 것도 아니다. 그냥 쓰기만 하면 된다. 누구나 쉽게, 당장 시작할 수 있는 것이다. 투두리스트는 시간을 효율적으로 관리하게 도와주고, 목표를 향해 작은 단계를 밟아가며, 매일 작은 성취를 통해, 원하는 걸 도전해 볼 수 있는 용기와 자신감을 키워준다. 그리고 결국엔 원하는 걸 이루게 해준다. 정말 투두리스트를 썼을 뿐인데 가능하다.

많은 자기 계발서에서 강조하듯, 중요한 것은 결국 '하느냐 마느냐', 즉 실행의 차이다. 실행할 수 있는 첫 번째 조건은 내가 하고 싶은 일이어야 한다. 하고 싶은 목표를 쪼개다 보면, 오늘 해야 할 일은 결국 운동과 독서, 공부와 같이 단순히 해야 하는 일이 되기도 한다. 이 일을 '해야 할 일'로만 본다면 부담스럽고 어려울 수 있다. 그러나 그것이 결국 내가 하고 싶은 일들을 이루기 위해서라는 것을 알면, 실행하는 마음가짐이 달라진다. 두 번째 조건은 바로 시작할 수 있을 만큼 쉬워야 한다는 것이다. 예를 들어, 영어를 잘하고 싶다면 오늘 영어 단어 3개 외우는 것부터 시작하면 된다. 세계여행을 꿈꾼다면 오늘 해야 할 일은 5분 운동이 될 수도 있다. 예뻐지고 싶다면 거울 앞에서 웃는 연습을 하면 된다. 오늘 할 수 있는 아주 작은 일을 하다 보면 어느새 이루어지고 있다. 세 번째 조건은 기록해서 기억해야 한다는 것이다. "나중에 이거 해봐야지"라고 생각하는 '나중'은 아쉽게도 좀처럼 오지 않는다. 게으르고, 계획성이 부족하고, 잘 잊어버리는 내 단점을 보완해 준 최고의 습관은 투두리스트다. 하고 싶은 많은 일들을 하나씩 실행할 수 있게 도와주고 있다. 투두리스트를 잘 쓰기 위해서는 내가 하고 싶은 일이 무엇인지 아는 것이 중요하다. 끌려다니는 삶이 아닌, 진정한 내 인생을 살기 위해 나를 위한 나만의 리스트를 만들어야 한다. 이 리스트는 내가 원하는 방향으로 나아가기 위한 지침이 되어 줄 것이다.

좋아하는 것도, 하고 싶은 것도 없었고, 그냥 '아무거나'를 제일 좋아했던 갑갑하고 재미없던 어린 시절이 있었다. 그랬던 내가 어떻게 하고 싶은 일들을 찾았는지, 그리고 투두리스트를 통해 어떻게 하나씩 이루어 왔는지 이 책에 모든 과정을 담았다. 내가 실제 경험한 과정과 함께한 사람들의 이름까지 담아 가능한 한 자세하게 설명하려 했다. 더불어 하고 싶은 걸 하나라도 발견할 수 있도록 많은 예시를 담았다. 책을 읽으면서 '이거 나도 한 번 해볼까?'라는 마음이 들었으면 좋겠다.

투두리스트를 통해 많은 사람이 자신이 진정으로 원하는 일을 찾고, 아주 작은 실행을 쌓아가며 결국엔 자신이 원하는 삶을 살아가기를 진심으로 바란다.

4년간의 투두리스트 기록. 투두리스트를 썼을 뿐인데 원하는 게 하나씩 이루어지고 있다.

PART 1

주체적인 삶을 위한
투두리스트

TO DO LIST

☆ ☐ _____

☆ ☐ _____

☆ ☐ _____

☆ ☐ _____

☆ ☐ _____

☆ ☐ _____

☆ ☐ _____

☆ ☐ _____

내 인생을 바꾼 종이 한 장, 투두리스트

하루 끝에 찾아오는 허무함

"하루가 너무 빠르다. 늘어지게 쉰 적도 없는데 하려던 걸 다 못하고 벌써 하루가 끝나 버렸다. 허투루 보내지 않았다. 그러나 뭔가 허전하다. 난 뭐가 하고 싶은 걸까? 나에게 뭐가 필요한 걸까?"

2019.6.25(화) 다이어리 중

열심히 보낸 것 같은 하루 끝에 허무함이 밀려왔다. 아무것도 안 한 게 아닌데 남는 게 없는 것 같은 하루. 내가 꿈꾸던 가정을 이뤘고 남부럽지 않은 삶을 살고 있는데 무언가가 부족하게 느껴졌다. 행복하지 않은 것도, 즐겁지 않은 것도 아닌데 대체 이 기분은 뭘까. 퇴근한 남편이 다정하게 물었다.

"자기, 오늘 뭐 했어?"

"음, 빨래하고, 청소하고, 애들 돌보고……."

이상했다. 분명 바쁜 하루를 보냈다고 생각했는데, 막상 할 말이 없다. 아무도 뭐라고 하지 않았는데 왠지 억울한 기분이 들었다. 긴 것 같지만 훅 지나가 버리는 하루. 청소하고 밥 챙겨 먹고 할 일 조금 하다 보면 금방 아이들 올 시간이다. 쉬기엔 아

까워 이것저것 하다 보면 쉰 것도 안 쉰 것도 아닌 피곤한 하루
가 또 지나간다. 무슨 일을 했는지도 모를 하루들과 밤이 되면
찾아오는 허무한 날들이 이어지며 이대로 있으면 큰일나겠다
는 생각이 들었다. 나는 하루를 어떻게 보내고 있을까? 아침에
일어나 잠들기 전까지 어떤 일을 했는지 순서대로 기록해 봤다.
특별히 중요한 일도, 중요하지 않은 일도 없었다. 그런데 내가
주도적으로 살아가는 삶이 아니라, 해야 하는 일에 끌려 바쁘게
하루를 보내고 있었다.

"뭔가 하고는 싶은데 도대체 뭘 해야 할까?"

뭘 해야 할지 몰라 일단 책을 읽었다. 가까운 도서관에서 끌
리는 책들을 빌려와 무작정 읽었다. 마음에 들어온 문장을 다이
어리에 옮겨 적기도 하고 간단한 생각을 몇 줄 적기도 했다. 책
을 읽는 것도 좋았지만, 그보다 나를 위해 뭔가 흔적을 남기는
게 더 좋았다. 가치 있는 시간을 보낸 느낌이랄까?

어떤 날은 내 머릿속 생각을 백지에 자유롭게 꺼내 적어보았
다. '영어 공부도 하고 싶고, 내 일상을 기록하고 싶고, 독서도
많이 하고 싶다. 테이블을 거실로 옮겨 내 책상을 만들어 볼까?
몸매와 피부 관리는 어떻게 하지?'

며칠 후, 마인드맵으로 다시 정리해 봤다. 목표를 적고, 실행

할 수 있는 구체적인 일을 적었다. 그리고 언제, 어떻게 할지도 계획을 세웠다. 떠오르는 생각들을 몇 차례 정리해 적고 나니, 지금 내가 해야 할 일이 무엇인지 알게 되었다.

"하루를 관리해 봐야겠다."

인생을 변화시킨 하루를 계획하는 힘

아침에 일어나 하루 계획을 종이에 작성했다. 오늘 해야 할 일을 적고, 나를 위한 목록도 작성했다. 잘 보이는 곳에 올려두고, 자주 들여다보면서 할 일을 체크했다. 투두리스트를 작성해 보니 해야 할 일을 잊지 않고 할 수 있으며, 내가 하루를 어떻게 보냈는지 알 수 있었다. 그리고 의미 있는 하루로 만들기 위한 노력도 시작했다. 강의 듣기, 독서하기, 영어 공부하기, 취미생활 하기. 늘 별거 없이 바쁘기만 한 하루였는데 생각보다 많은 것을 할 수 있었다. 매일 작성하면서 어떻게 작성해야 실행하고 체크할 수 있는지 조금씩 노하우가 생겼다. 나열된 목록을 보면 일의 순서가 정해진다. '이건 오전에 하면 되겠군, 빨리 끝낼 수 있는 일들은 점심 먹은 후 처리하고, 중요한 건 먼저 끝내 버리자!' 화장실 갈 때 인터넷 장보기를 하고, 설거지할 때 영어를 외우거나 강의를 들었다. 이동 중에는 블로그 글을 쓰거나 책을 읽는다. 끝이 없는 집안일의 경우 '20분 청소하기'로 시간을 정해서 후다닥 끝낸다. 잠깐이면 끝날 일들이 늘어지기도 하고, 그 늘어짐 때문에 하루가 허무하게 끝나는 게 싫어서 게임처럼 '완료 체크를 해보자!'라는 식으로 하나씩 실행해 나갔다.

투두리스트를 작성한 지 3개월이 되었을 때, 투두리스트 종이에 보완할 점이 보였다. 나열된 목록에는 오늘 꼭 해야 할 일(급하고 중요한 일)과 그렇지 않은 일(하면 좋은 일)이 함께 있는데, 중요한 일들은 대부분 시간이 걸리고 어렵고 귀찮은 일이기 때문에 뒤로 미루게 된다. '투두리스트에 중요한 목록을 구분할 수 있으면 좋겠다. 그리고 오늘 하루를 시작하며 새길 긍정 확언을 투두리스트에 작성하면 체크할 때마다 들여다보면서 도움이 될 것 같은데, 나만의 투두리스트를 만들어 볼까?' 늘 아이디어는 넘쳐나지만 생각은 많고 실천은 느린 편이다. 그냥 흘러보낸 나름의 괜찮았던 아이디어들이 얼마나 많은지. 이번에는 달랐다. 투두리스트에 나만의 투두리스트를 만들기 위한 과정을 작게 나누어 목록에 넣고 하나씩 체크했다. 매일 쓰며 느낀 점들로 보완된 아주 단순하고 깔끔한 메모지. 세상에, 내가 디자인

한 투두리스트 메모지가 탄생한 것이다!

투두리스트 작성 5개월 차, 생각만 하던 많은 일들이 실행되고 성과를 내고 있었다. 하루가 끝난 후 허무함이 가득 채웠던 자리에 이제는 뿌듯함이 자리잡았다. "미래 님은 하루가 48시간 같아요." "시간 관리 어떻게 하세요?"라는 질문을 종종 받았다. 좋은 습관을 많은 분들과 함께하고 싶어서 투두리스트 모임을 만들었다. 함께하는 힘은 어마어마하다. 내 하루를 지켜보고 응원하는 스무 명의 눈이 생기면서 실행력이 몰라보게 좋아졌다. 내 인생에 이렇게 에너지 넘치는 순간이 있었나 싶을 정도로 활기찬 하루하루를 보내게 되었다.

"하루를 계획하면서, 내 인생이 바뀌었다."

아주 작은 실행의 힘

매일 투두리스트에 적힌 작은 실행을 하나씩 이어가다 보면 자신감이 생긴다. "오늘 목표한 걸 다 해냈네!" 작은 성공들이 쌓이면서 조금씩 큰 목표들도 도전해 볼 용기가 생긴다. 작은 실행을 계속 이어가다 보면, 어느새 큰 목표도 이루어져 있는걸 발견하게 된다.

매일 비슷한 내용을 반복해 적다 보면 이런 생각이 들기도 한다. '뭐 재미있는 거 없을까?' 혹은 '새로운 걸 한번 해볼까?' 새로운 경험은 쌓여 익숙한 것이 되고, 그 익숙함은 전문성으로 변한다. 그렇게 꿈을 적고 하나씩 이루어 나가면서 내가 몰랐던 새로운 모습을 발견하게 되었다.

나는 소심한 편이지만, 도전해 보고 싶은 것들이 많다. 무섭기도 하고 때로는 두렵기도 하지만, 조금만 움직이면 세상에 정말 재미있는 것들이 훨씬 많다는 걸 알게 되었다. 가끔은 혼자 있는 시간이 꼭 필요한 내향형이지만, 함께했을 때의 또 다른 기쁨과 같이의 가치를 알게 되었다.

누워서 숏폼 영상을 보다 보면 시간 가는 줄 모르고 빠져버리는 유혹에 약한 사람이지만, 힘들고 귀찮아도 내가 원하는 일을 성취했을 때 기쁨은 그 어떤 즐거움보다 훨씬 더 크다는 걸 알게 되었다.

사람들의 관심을 받으면 어색하고 어쩔 줄 몰라 하지만, 그럼에도 불구하고 주목받는 것을 즐긴다는 것을 알게 되었다. 내가 주도적으로 이끌어 나가며 실행했을 때 성취감을 알게 되었다.

계획에 대한 유연성은 넘치지만 무계획은 아니다. 적극적이지는 않지만 소극적이지도 않다. 지금까지 살면서 '그렇다'고 정해버렸던 일들이 꼭 그렇지만은 않다는 사실. 내가 알고 있던 나와 또 다른 모습들을 계속 발견해 나가고 있다. 이 모든 변화는 매일 내가 정한 작은 무언가를 실행할 수 있도록 도와준 투두리스트의 힘이다.

하고 싶은 게 있고 없고의 차이

나는 왜 하고 싶은 게 없을까?

'컴퓨터학과, 간호학과, 미생물학과, 항공운항과…….'

대학 입시를 앞두고 큰 절망에 빠졌다. 도대체 연관성이라고는 하나도 없는 이 조합은 뭘까? 원서를 써야만 하는 날짜가 다가왔고, 쓸 수 있는 정도의 아무 학교를 골라 거기에서 나의 관심사와 상관없는 아무 과를 골랐다. 아무거나의 인생인가? 합격에 따라 내 인생이 달라지는 건가?

'나는 꿈이 뭘까? 뭘 하고 싶을까?'

초등학교 때 시골 작은 학교에서 줄곧 반장을 하며 내가 뛰어나다고 착각하고 살았다. 큰 중학교에 가서 나는 지극히 평범하다는 걸 알게 되었다. 공부에 흥미가 없어서 성적은 중간을 돌다가 학년이 올라갈수록 떨어졌다. 어릴 때 야심 차게 꿈꾸던 아나운서, 선생님은 내 성적으로는 턱도 없다는 걸 알게 되었다. 앞에 나설 용기도 없고, 딱히 잘하는 것도 없고, 특별히 좋아하는 것도 없었다. 그냥 착하고 얌전한 학생. 어쩌면 있는지 없는지도 잘 모를 학생이었다.

고등학교 평준화가 되어 추첨으로 고등학교에 진학하게 되었다. 성적순이 아니라 다행이다 싶었지만 참 운도 없지. 집에서 차로 20여 분이 떨어진, 몇 지망에 쓴지도 모르는 학교에 가게 되었다. 아직 시작도 안 했는데 실패한 것 같아 슬펐다. 재미있지도 재미없지도 않은 고등학교 생활. 정해진 시간표대로 움직여 수업을 듣고 규칙대로 야간자율학습을 했다. 좋아하는 과목도 없었고, 잘하는 것도 여전히 없었다. 성적이 계속 떨어져 학원에 갔지만 성적이 올라가진 않았다. 시험 기간에 늘 그랬듯 벼락치기를 했다. 몇 번의 시험을 거치고 나니 벌써 고3이 되었다. 그리고 진로를 결정해야 했다. '뭘 선택해야 하지?' 흘러가는 대로만 살았던 결과는 대학 입시를 앞두고 처참히 드러났다. '난 아직 한 가지를 선택할 준비가 안 됐는데. 도대체 내가 좋아하는 건 뭐지? 어느 과를 가야 하지?' '미용이나 디자인 쪽을 배워보고 싶긴 한데……. 왜 이렇게 종류가 많은 거야?'

시간이 지나도 확실한 결정이 없어서 아빠와의 충돌이 많았다. 아빠가 얘기하는 '비전 있는 직업'과 관련된 과는 싫으면서 정작 나도 하고 싶은 게 없는 상황. 부모님은 오죽 답답했을까? 주변의 이야기를 듣고 성적에 맞춰 겨우 적어낸 학과들. 차례대로 불합격 소식이 들려왔다. 마지막으로 지원한 학교에서조차 불합격 소식을 들은 날, 주방에 앉아 펑펑 울던 상황이 아직도 생생하다. 고등학교 졸업하면 대학교에 가고, 대학교 졸업하면 당연히 취업하는 줄 알았는데 아니다. 난 대학에 갈 수 없구나. 그냥 보통의 아이로 평범하게 살고 있다고 생각했는데, 나는 생각 없이, 사는 대로 생각하는 사람이었다. 내가 꿈이 있었다면 지금과는 달랐을까?

어쩔 수 없이 하게 된 재수생 생활은 힘들고 외로웠다. 소속된 곳이 없다는 생각에 우울했고, 가끔 들려오는 신입생 친구들의 즐거운 대학 생활 소식에 부러운 눈물이 흘렀다. 시간표도 없고, 진도도 없고, 정해주는 사람 없이 혼자 계획해 공부해야하는 건 정말 외로웠다. 달리할 게 없으니 그냥 매일 도서관에 갔고 문제집을 반복해 풀었다. 빨리 일 년이 흘러가기만을 바랐다. 언니가 새해 선물로 사준 예쁜 다이어리는 공부 계획과 재수생 일기로 채워졌다. 가끔 신세 한탄도 하고, 힘내자며 다짐도 했다. 또 가끔은 한 귀퉁이에 하고 싶은 일들을 하나씩 적으며 위로했다. '혼자 영화 보러 가기', '도시락 안 싸고 밖에서 점심 사 먹기' 스스로 정한 목표를 달성하면 보상으로 그 일들을 하나씩 했다. 그나마 답답한 마음에 조금은 숨통이 트였다. '해야만 하는 일들'에서 '하고 싶은 일'이 있다는 건 반가웠다.

길고 길었던 일 년의 시간이 지나고 또 한 번 선택의 순간이 왔다. 학교 다닐 때와 다르게 열심히 했지만 아쉽게도 성적은 그리 높아지지 않았다. 그나마 다행인 건 이번엔 스스로 과를 선택했다는 것이다. 전문대 관광과에 입학했다. 고3 때 진작 여길 선택했더라면 재수 없이 올 수 있었을 것 같다는 생각이 들었다. 진작 적극적으로 꿈을 찾지 못한 내 잘못이다. 남들보다 1년이라는 시간을 더 썼는데 더 좋은 학교로 가지 못한 아쉬움도 있었지만 지긋지긋한 도서관에서 벗어나 내가 갈 곳이 있다는 데에 마냥 기뻤다.

꿈꿔오던 대학 생활은 상상 대로다. 전공 수업도, 그렇게 싫어하던 외국어조차도 재미있게 느껴졌다. 군기 높은 서비스학과에 1년 늦게 입학해 같은 나이 친구들에게도 90도로 인사했고, 가끔은 집합 교육(다른 말로 군기 훈련)이라는 것도 받아야 했지만 아무렴 상관없다. 어설픈 화장을 하고, 높은 구두를 신고, 신나게 다녔다. 즐겁게 다닌 덕분인지 성적도 잘 나왔다. 자신감도 생겼고 면접 대회, 발표수업에도 적극적으로 참여했다. 중고등학교 때와는 완전히 다른 적극적인 모습이다. 1년 새 무엇이 달라진 걸까? 재수생 때 공부 습관이 생겨서일까? 내가 조금 자라서일까? 아니면 내가 하고 싶은 걸 하게 되어서일까?

삶의 에너지를 바꾼 '하고 싶은 목록'

학창 시절엔 무언가 '하고 싶다'는 마음이 없었다. 1등 하고 싶은 욕심도, 무언가 배우고 싶은 마음도 없었다. 고등학교 1학년 담임선생님의 편지를 보면 장래 희망에 대한 고민이 많았던 것 같다. 그런데 적극적으로 찾지 않고 회피하면서 시간이 흘러가는 대로 살았다. 삶의 목표나 미래에 대한 기대가 없으니 무기력할 수밖에. 친구들처럼 대학생이 되지 못하고 도서관에 있는 동안 해보고 싶은 것들이 얼마나 많았을까? 다이어리에 조금씩 적어 두었던 소소한 '하고 싶은 리스트'들은 시간이 지나며 조금씩 늘어났다. 단순한 경험부터 시작해 가까운 미래의 목표까지 생겼다. 미팅도 해보고, 여행도 다녔다. 우수생과는 거리가 멀었었는데 열심히 노력해서 장학금도 받았다. 해외연수도 다녀왔다. 꿈의 크기와는 상관없이 하고 싶은 게 있고 없고의 차이가 삶의 에너지 크기를 바꿔놓았다.

'졸업 전 취업하기' 목표를 위해 노력한 덕분에 여러 면접을 거쳐 취업에 성공했다. 전공과는 전혀 상관없는 금융권에 입사했지만, 괜찮은 취업 자리였고 배울 기회라고 생각했다. 업무에 적응하느라 정신없던 6개월이 지나고 역시나 슬럼프가 찾아왔다. 하루하루 똑같이 흘러가고, 일도 어렵고, 자격증 압박에 시달리며 지쳤다. 재미도 없고, 평생 이 생활을 해야 하는 건가? 또다시 탈출구를 찾기 시작했다.

'내가 하고 싶은 게 뭐더라?'

이맘때쯤 '버킷리스트'라는 말이 유행했다. 버킷리스트(Bucket List)란 죽기 전 꼭 한 번쯤은 해보고 싶은 것들을 적은 리스트를 말한다. 소소하고 현실적인 '하고 싶은 일'을 적은 것과 다르게 인생 전체를 보고 적는 리스트는 느낌이 달랐다. 처음엔 뭘 적어야 할지 몰랐는데 가능성을 열어둔 채 더 넓게, 멀리 보고 한 번쯤 해보고 싶은 것들을 생각하며 적다 보니 한 페이지가 채워졌다.

버킷리스트를 적은 후 신기하게도 할 수 있는 기회들이 찾아왔다. 친구 초대로 뮤지컬 공연을 보고 뮤지컬 무대에 서보고 싶다고 생각한 적이 있다. 그런데 직장인 뮤지컬 동호회가 있다는 걸 알게 되었다. 뮤지컬을 보는 게 아니라 직접 하는 동호회가 있다니 더 궁금했다. 가장 가까운 날짜의 정모에 참석했고, 그렇게 활동을 시작했다. 평일엔 회사에서 일하고, 주말엔 연습실에 모여 공연 연습을 했다. 6개월간 연습 후, 공연장을 빌려 뮤지컬 무대에 섰다. 핀 조명을 받으며 대사를 읊고 그간 열심히 연습해 온 노래와 안무를 관객들에게 선보였다. 떨림은 사라지고 온몸에 전율과 짜릿함이 느껴졌다. 배우로서 직업을 가지지 않으면 불가능한 일인 줄 알았는데 이렇게도 도전해 볼 수 있구나! 공연의 매력에 푹 빠져 직장을 다니면서 6년 넘게 활동을 이어갔다.

"MBC에 프로그램이 새로 생겼는데 출연해 볼래?" TV에 출연해 보고 싶다는 버킷리스트는 지인 소개로 이루어졌다. 한 번쯤 해보고 싶었는데 당연히 오케이다. 방송국에 가족과 친구들을 초대해 지켜보는 가운데 연예인과 함께 게임하고 상금 100만 원을 탔다.

'신문, 잡지 인터뷰 하기'라는 조금 엉뚱한 리스트도 있었다. 정말 언젠가를 상상하며 재미있겠다 싶어 적어 두었는데 정말 기회가 생겼다. 직장 다니며 공부를 더 하기 위해 들어간 사이버대학교에서 학생 모델로 선발되었다. 옷을 바꿔 입고 머리를 고쳐가며 하루 종일 촬영하고 인터뷰를 했다. 하루 동안 모델의 삶을 살아봤다. 하루 종일 웃고 있어서 나중엔 광대뼈가 올라간 채 굳어버리는 것 같았다. "이거 미래 씨 맞죠?" 학교 홈페이지 메인 화면에 내 얼굴이 나왔다. 세상 신기한 경험이다.

'적으면 이루어진다'는 말은 진짜다. 뇌과학자들의 연구에 따르면 꿈을 종이에 적으면 우리의 잠재의식 속에서 목표 실현에 필요한 정보를 계속 수집한다고 한다. 우연히 일어난 일들 같지만 나는 계속 정보를 수집해 왔고, 미리 생각해 둔 리스트라서 기회가 왔을 때 놓치지 않고 잡을 수 있었다. 하나씩 실행되는 과정을 지켜보며 더 많이 하고 싶은 일들을 적었다. 그리고 여유 시간이 생겨 무얼 할지 고민될 때는 버킷리스트를 보면서 하나씩 해 나갔다. 언젠가 카페를 차리고 싶다는 마음에 커피를 배우며 바리스타 자격증을 땄고, 겁이 많아 못할 것 같았던 운전을 배워 운전면허증을 땄다. 회사에 다니면서 하고 싶은 일들을 하나씩 해보면서 슬럼프를 지나갈 수 있었다.

하고 싶은 것도, 목표도 하나도 없던 어린 20살 재수생 시절, 다이어리에 하고 싶은 작은 일들을 적기 시작한 후로, 하고 싶은 일들은 점점 많아졌다. 작은 일들을 하나씩 이루면서 성취감이 생기고 또 다른 일들을 할 수 있게 되었다. 하고 싶은 목록은 또 다른 하고 싶은 목록을 낳았고, 조금씩 큰 목표들도 스스럼없이 적을 수 있게 되었다. 원대한 목표가 아니더라도 괜찮다. 해보고 싶은 내 마음의 소리를 종이에 적어보고 할 수 있는 것부터 하나씩 실행해 보자. 삶의 에너지가 달라진다. 하고 싶은 걸 적어 보는 것, 삶의 'ON' 버튼을 켜는 일이다.

새해 다이어리를 사면 가장 먼저 하는 것이 '하고 싶은 일' 적기다. 처음엔 짧고 단순했던 목록
들이 더 구체화 되고 더 다양해졌다. 신기하게도 옛날에 적었던 꿈들이 대부분 이루어졌다.

나를 찾아가는 '싶다리스트'

버킷리스트 대신 싶다리스트

처음 하고 싶은 일을 적은 재수생 시절

☑ 혼자 영화 보러 가기 　　　　☑ 점심 도시락 안 싸고 외식하기

대학교 입학 후 적어본 '하고 싶은 일'

☑ 미팅하기 　　　　　　　　　☑ 장학금 받기

☑ 한강에서 치맥 하기 　　　　☑ 해외여행 가기

☑ 어학연수 가기 　　　　　　☑ 졸업 전 취업하기

취업 후, 가능성을 열어두고 해 보고 싶은 일들을 적은 '버킷리스트'

☑ 1년 이상 외국 생활하기 　　☑ 남자 친구 만들기

☑ 몸무게 앞자리 바꾸기 　　　☑ 악기 배워 공연하기

☑ 운전면허증 따기 　　　　　☑ 커피숍 차리기

☑ 블로그 시작하기 　　　　　☑ 나만의 책 출간하기

☑ 세계 여행하기 　　　　　　☑ TV 출연하기

☑ 국내 여행하기 　　　　　　☑ 오로라 보러 가기

☑ 뮤지컬 무대 서 보기 　　　☑ 잡지, 신문 인터뷰 하기

☑ 영어, 일어 꾸준히 공부하기 　☑ 국제행사 참여하기

☑ 꾸미고 다니기 　　　　　　☑ 퍼스널 브랜드 만들기

☑ 한라산 오르기 　　　　　　☑ 혼자 여행하기

☑ 5km 마라톤 참여하기

"내가 이렇게 하고 싶은 게 많다고?"

하고 싶은 것도 없고, 좋아하는 게 뭔지도 몰랐던 사람이 맞나 싶다. 처음엔 해야 할 일을 끝내고 하고 싶은 단순한 일들을 적었다. 나에게 주는 일종의 보상으로 쉬어가기 위한 리스트였다. 대학생이 되고 나서는 대학생이라면 누구나 꿈꾸는 일 중에서도 현실 가능한 리스트를 적었다. 그러던 중 '버킷리스트'를 알게 되었고, 가능성을 열어두고 '언젠가 해보고 싶은 일들'을 적었다.

이전에는 대부분의 사람들도 원하는 공통적인 리스트였다면 점점 개인적으로 원하는 리스트들이 늘어나기 시작했다. 매년 초 버킷리스트를 업데이트하면서 한 해를 위한 구체적인 목표와 인생의 큰 꿈들을 나누어 작성했다. 작은 일들이 하나씩 이루어지면서 점점 큰 목표들도 도전하기 쉬워졌다. 그리고 꿈은 또 다른 꿈을 계속 만들어 주었다.

"꿈을 생각하고 실행하게 도와주는 멘토 되기."

내가 꿈을 찾지 못해 방황하고, 좋아하는 게 무엇인지 몰라 힘들었던 경험이 있어서 그런 사람들을 돕고 싶다는 생각이 들었다. 그래서 활동하던 동호회 안에서 '버킷리스트 소모임'을 만들었다. 자신의 버킷리스트를 공유하고 한 달에 한 번 정기적으로 모여 그동안 이룬 버킷리스트와 새롭게 추가된 리스트를 공유하며 서로를 응원해 주는 모임이다. 꿈을 응원해 주는 사람들 앞에서 선언하는 효과가 엄청났고, 미래를 긍정적으로 보는 사람들과 함께하다 보니 주고받는 좋은 에너지가 컸다. 모임을 계속 발전시켜 나갔고, 버킷리스트를 주제로 강의도 진행하게 되었다. 신기하게도 내가 생각하고 바라는 일들은 마음만 먹으면 몇 년이 걸려서라도 이루어진다는 걸 깨달았다.

그러나 강의를 진행하며 많은 분들의 이야기를 들어보니 '버킷리스트'에 있는 의미 '죽기 전'이라는 단어에 부담을 느낀다는 걸 알게 되었다. 거창한 걸 써야 할 것 같고, 이루기 힘든 걸 써야 할 것 같은 생각에 작성을 망설인다는 것이다. 그냥 하고 싶은 걸 적는 걸로도 충분한데 어떻게 쉽게 다가가게 만들 수 있을까? 고민하다가 죽기 전 해보고 싶은 의미가 강한 '버킷리스트' 대신, 하고 싶은 일들을 적는 '싶다리스트'를 만들었다.

내가 하고 싶은 일 = 싶다리스트

작고 소소한 일부터 큰 꿈까지 하고 싶다는 생각이 드는 대로 모두 적으면 된다. 일상생활 중에서도 발견되고, 책을 읽으면서도, SNS를 하다가도 하고 싶은 마음이 들면 '싶다리스트'에 적는다. 단순하게 생각해 자유롭게 그냥 내가 하고 싶은 일을 써보는 거다. 버킷리스트 대신 싶다리스트로 표현을 바꾸고 나서 하고 싶은 일을 떠올리는 것이 훨씬 쉬워졌다.

나를 알아가는 싶다리스트

2020년 작성한 100개의 싶다리스트 중

- ☑ 매일 TO DO LIST 작성하기
- ☑ 싶다리스트 100개 쓰기
- ☑ 혼자 전시회 가기
- ☑ 혼자 노래방 가기
- ☑ 옛날 살던 동네 찾아가기
- ☑ 책 출간하기
- ☑ 노래 녹음해 보기
- ☑ 버킷리스트 강의하기
- ☑ 혼술 해보기
- ☑ 나만의 상품 만들기
- ☑ 셀카 연습하기
- ☑ 김재용 작가님 만나기
- ☑ 얼굴 팩하기 100일
- ☑ 평일 남편과 데이트하기
- ☑ 혼자 영화 보러 가기
- ☑ 드라마 하나 끝까지 보기
- ☑ 퍼스트 클래스 타보기
- ☑ 복합 문화공간 만들기
- ☑ 라디오 사연 당첨되기
- ☑ 프로필 사진 찍기
- ☑ 혼자 여행 가기
- ☑ 받고 싶은 생일선물 생각하기
- ☑ 마사지 받으러 가기
- ☑ 연극 보러 가기
- ☑ 무대 서 보기
- ☑ 나를 위한 꽃 사기
- ☑ 영어책 한 권 섀도잉
- ☑ 할까 말까 할 때 해 보기
- ☑ 한 달 해외 살기
- ☑ 복근 만들기
- ☑ 새벽 기상 습관 만들기
- ☑ 로또 1등 당첨되기
- ☑ 공모전 참여 하기
- ☑ 화 잘 내기
- ☑ '롤 모델이에요' 소리 듣기
- ☑ 네이버 인물 등록 하기

- ☑ 블로그 이웃, 인스타그램 친구 직접 만나기
- ☑ 나만의 스트레스 푸는 방법 3가지 만들기
- ☑ 싶다리스트 100개 적고 80개 이루기

빈 종이를 두고 처음엔 무얼 적어야 하나 망설이게 되지만, 한번 생각이 트이고 나면 줄줄이 하고 싶은 것들이 떠오른다. '꿈', '목표', '버킷리스트' '좋아하는 일' '잘하는 일'이라는 단어는 어렵게 느껴지지만 '내가 하고 싶은' 정도로 생각하면 확실히 수월하게 작성할 수 있다. 시간이 나면 해보고 싶은 일, 언젠가 해보고 싶은 일, 일을 하지 않아도 되면 하고 싶은 일. 싶다리스트를 적을 때 중요한 건 내 마음이다. 다른 사람의 시선을 의식하지 말고 자유롭게 적는 것이 중요하다.

신기하게도 적어놓은 목록을 보니 내 관심사가 보인다. 우리가 심리 테스트와 MBTI, 사주 등을 좋아하는 이유는 나에 대해서 알려주기 때문이다. 싶다리스트는 내가 무엇을 좋아하는지, 내가 어떤 사람인지 알게 해준다.

싶다리스트를 보고 스스로를 정의하는 문장을 몇 가지 작성해 보자. '나는 여행과 문화생활을 좋아하는구나.' '나는 내성적이고 표현에 서투르지만 나를 드러내고 싶은 욕구가 있구나.' '함께 하는 것도 좋아하지만 혼자 있는 시간도 필요한 사람이구나.'

쑥스러워서 다른 사람에게 이야기하지 못하지만 노래하는 걸 좋아한다. 취미를 갖는다면 노래 관련이 좋을 것 같다. 그리

100여 개의 싶다리스트. 6개월 후에 70% 정도가 이루어진 걸 확인했다. 그리고 또다시 새로운 싶다리스트를 작성했다. 똑같이 쓰이는 리스트가 있는가 하면, 새로운 리스트들이 등장하기도 한다. 내 경험과 상황에 따라 하고 싶은 것은 달라진다. 주기적으로 업데이트 해주는 것이 좋다.

고 생각보다 물건 쇼핑과 먹는 데에는 별로 관심이 없다. 여가 시간에는 새로운 경험하는 걸 즐기는 사람이다. 쑥스러움이 많지만 또 주목받고 싶어 한다. 앞에 나서는 게 떨리지만, 주도해서 모임을 만들거나 이벤트를 열고 싶어 한다.

싶다리스트 강의를 진행했을 때 참가자들이 제일 좋아했던 시간 중 하나는 서로의 리스트를 돌려보는 시간이다. 새로운 정보를 알게 되는 시간이라 좋은 아이디어를 참고해 내 걸로 만들기 바쁘다. 서로의 리스트를 보며 그 사람의 성격을 추측해 보기도 하는데 리스트만으로도 그 사람을 알 수 있다는 게 참 재미있었다. "도전적이고 활발한 성격인 것 같아요, 가족을 사랑하는 마음이 보여요, 재주가 많은 것 같아요." 하고 싶은 마음으로 성격을 알 수 있다니, 바라는 이미지대로 보이기도 해 들으면 기분이 좋아지고 하고 싶은 의욕이 생기기도 한다. '싶다리스트'를 적어 보는 건 하고 싶은 게 무엇인지, 좋아하는 게 무엇인지 모르는 사람들이 몸과 마음을 움직일 수 있는데 효과적이다. 인생의 목표를 찾고 싶은 사람에게도, 큰 목표를 좇느라 소중한 것을 놓치고 있는 사람에게도 도움이 된다.

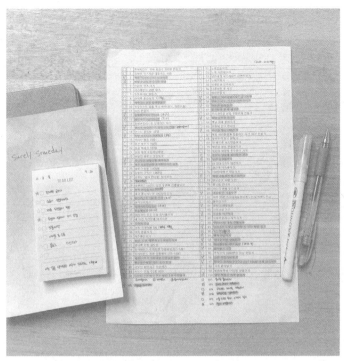

투두리스트로 싶다리스트를 하나씩 해 나간다.

하고 싶은 것을 찾는 세 가지 방법

"나는 취향이란 게 없는 걸까?"

딱히 선호하는 것도 없고 뭘 해도 상관없어서 늘 다른 사람의 선택에 맡겼다. 선택에 대한 질문에는 '아무거나' 또는 '괜찮아'라는 말을 달고 살았다. 상대방을 배려하는 마음도 있었지만, '좋은 게 좋은 거지'라는 생각에 크게 나쁘지 않으면 다 괜찮다고 말했다. 사실 그렇게 해도 정말 괜찮았다. 내 생각과 다르면 새로운 걸 경험하는구나 하고 받아들였다. 결정하지 않으니 책임도 없다. 사실은 그게 편했던 걸 수도 있다. 그러다 보니 진짜 내가 좋아하는 게 뭔지 모르는 사람이 되어버렸다. 물건 하나 고를 때도 쉽게 결정하지 못하고 하루 종일 고민한다. 신중하게 고민하는 것이 아니라, 기준이 없는 것이 문제였다. 신발을 고를 때 신어본 사람도 나고, 앞으로 신을 사람도 나인데, 뭐가 괜찮은지 물어보기 위해 사진을 찍어서 다른 사람에게 골라 달라고 보낸다. 그리고 대답이 올 때까지 기다린다. 심지어 간단한 점심 메뉴 고르기도 힘들어서 친구에게 전화해 물어본 적도 있다. "민정아, 나 점심 뭐 먹지? 아 진짜 못 고르겠어." 그 일은 아직도 친구들에게 놀림 받고 있다.

"내가 하고 싶은 게 뭔지 모르겠어요."

무언가 해보고 싶기는 하지만, 뭘 해야 할지 모르겠다. 잘하는 것도 없고, 좋아하는 게 뭔지도 모르겠다. 어떻게 해야 하지? 생각보다 많은 사람들이 하고 싶은 게 뭔지 모른다는 고민을 안고 있다. 누구나 좋아하는 일로 돈을 벌며 행복하게 살고 싶지 않겠는가. 하지만 그게 뭔지 모르는 게 문제다. 뭘 해야 할지 모르겠다는 생각이 반복되면 점점 무기력해지고, 의욕이 사라져 무언가 시작하기가 더 어려워진다. 동기부여 강의를 들으면 일단 일어나 몸을 움직이라고 하는데 도대체 어디로 어떻게 움직여야 할지 모르겠다. 운동이라도 하라는데 무슨 운동을 얼만큼 해야 하지? 안 하던 걸 갑자기 시작하는 것은 쉽지 않다. '좋아하는 걸 찾아봐, 빨리 찾은 사람은 즐거운 인생을 더 오래 즐길 수 있지!' 어쩌면 인생을 살아가며 해결해야 할 미션이 아닐까 싶기도 하다. 어떻게 내가 좋아하는 것을 알 수 있을까? 어떻게 하고 싶은 것을 찾을 수 있을까?

싫다리스트 작성하기

단순한 이야기지만 내가 하고 싶은 것을 찾기 위해선 '하고 싶은 걸 찾겠어!'라고 결심하면 된다. 하지만 의욕이 없는 상태에서 무언가를 찾겠다고 결심하기는 어렵다. 그래서 마음을 조금만 열어보자. '그냥 한번 찾기나 해보자'는 식으로 시작해보자. 그리고 둘러보자. 하고 싶은 일들은 일상에서 우연히 발견되고, 머릿속을 빠르게 스쳐 지나가는데 그걸 잊어버리지 않게 종이에 적어 두기만 하면 된다. 커다란 꿈이 아니어도 괜찮다. 오히려 처음엔 쉽게 할 수 있는 작은 소망이나 호기심 정도도 괜찮다. 당장 해야 하는 일이 아니라서 부담 갖지 않아도 된다. '언젠가' 기회가 되면 '한 번쯤' 해보고 싶은 일을 찾아보는 거다.

지나가다 길에서 본 광고에서도 찾을 수 있다. '김연우가 우리 동네에서 공연하네? 라이브 들으면 정말 소름 돋을까?' '예쁜 카페가 새로 생겼네. 나중에 한번 가봐야지' 생각이 들면 적어 두자. SNS를 보다가도 쉽게 발견할 수 있다. '다리가 롤러코스터처럼 생겼네? 나중에 한번 가봐야지', '꼭 가봐야 할 국내 서점, 우리나라 맞아? 외국 같네', '커버력 장난 아니다. 이 화장품 써보고 싶다', '이번 주말에 여기 가 볼까?' 사고 싶고, 재미있어 보이고, 해보고 싶다 생각이 들면 종이에 적자. 다양한 이야기가 초 단위로 쏟아지는 SNS에서, 구경하며 시간만 흘려보내지 말고 내가 하고 싶은 것들을 발견하여 적어보자.

인생에 첫 쓴맛을 본 재수생 시절, 첫 직장을 다니며 찾아온

슬럼프, 그리고 인생에 허전함을 느꼈을 때 이겨낼 수 있었던 건 바로 '싶다리스트'를 작성한 덕분이다. 싶다리스트는 하고 싶은 일을 적은 리스트이다. 대단한 거 말고 그냥 그때의 마음으로 하고 싶은 걸 적고, 쉬운 것부터 하나씩 해보자. 나는 좋아하는 게 없다고 생각했는데, 싶다리스트를 작성하고 리스트를 살펴보니 내 관심사가 무엇인지, 내가 하고 싶은 게 뭔지 알게 되었다.

생각 재료를 모으기 위한 독서

바쁘게 보낸 하루 끝에 허무함을 느끼고 제일 먼저 시작한 건 책 읽기였다. 사실 책과 그리 친한 사이는 아니었지만, 뭔가 하고 싶은데 뭘 할지 몰라서 그냥 책을 읽기 시작했다. 어릴 때 이렇게 읽었으면 좋았을 걸 싶기도 하다. 무언가를 필요로 해서 그런지, 책이 재미있게 느껴졌다. 책을 읽으면 자연스럽게 생각하게 된다. 흘러가는 대로 보게 되는 영상물과는 다르다. 영상은 보면서 인상 깊은 포인트를 봐도 잠시 멈추고 생각하는 것이 어렵지만, 책을 읽을 때는 가능하다. 좋은 구절이 나오면 줄을 그어가며 한 번 더 읽고, 필사하며 한 번 더 곱씹어 보기도 한다. 독서 후에는 다이어리에 간단하게 생각을 정리한다. 그냥 읽은 책은 며칠 이내로 잊혀 버리지만, 책에서 나온 한 문장에 내 생각 한 줄을 남겨두면 책을 제대로 읽은 느낌이 든다.

글을 읽으며 머릿속에 그림을 그려 상상해 본다. 하고 싶은 게 뭔지 모른다는 것은 결국 정보가 부족하다는 뜻이다. 아는 만큼 보인다고 했다. 세상에 내가 듣고 보지 못한 새로운 일들이 어마어마하게 많다. 생각의 재료를 찾는데 가장 좋은 건 역시 책 읽기다. 책을 읽다 보면 하고 싶은 일들이 자연스럽게 떠오른다. 책의 내용과 관련된 일들도 있지만, 전혀 상관없는 일들이 떠오르기도 한다. 알고리즘에 의해 내 관심사만을 계속 보여주는 인터넷 세상보다, 생각을 틔우고 답을 찾는 데에 책만큼 좋은 도구는 없다.

뭘 읽어야 할지 모르겠다면 도서관에 가 보자. 다양한 섹션을 돌아다니며 끌리는 책을 열 권 정도 데려 온다. 자리에 앉아 한 권씩 대충 훑어보며 눈길이 가는 책을 고른다. 두 권 정도 남겨 첫 장부터 읽어보자. 책 한 권을 처음부터 끝까지 다 읽지 않아도 된다. 목차를 보고 관심이 가는 페이지만 읽어도 된다.

다른 사람의 리스트 참고하기

《위시리스트》라는 노란 하드커버의 자그마한 책이 있다. 그 책
에는 살면서 한 번쯤 해보고 싶은 일들이 가득 적혀 있다. 가끔
뭔가 재미있는 일이 없을까? 생각이 들면 처음부터 끝까지 빠르
게 읽어본다. 재미있는 리스트를 내 걸로 옮겨 적고, 내 상황에
맞게 바꿔 적기도 한다. 비슷한 다른 일들이 떠오르면 그것도
적어본다. 내가 알지 못한 것들, 생각이 미치지 못한 곳에도 재
미난 것들이 가득하다.

　검색창에 '버킷리스트 예시'나 '취미의 종류'라고 검색하면 많
은 리스트를 볼 수 있다. '젠탱글(선이 서로 얽혀 이뤄진 모양의 패
턴을 그리는 낙서를 말한다. 낙서명상이라고도 한다)'이 뭐지? '마크라
메(손을 이용해 끈으로 매듭을 묶는 서양식 매듭 공예)'는 뭐야? 전혀
몰랐던 취미에 대해 알게 되기도 한다. 이런 것도 싫다리스트
가 될 수 있구나! '가족 다 같이 마트에 장 보러 가기', '혼자서 밥
먹기' 나에겐 일상적인 일들이지만 누군가는 꿈꾸는 일이라 생
각하면 내가 보내고 있는 시간의 의미를 다시 한번 생각하게 된
다. 전혀 생각치 못했던 일들, 그리고 예전에 품고 있었지만 잊
고 있던 리스트를 보며 마음이 움직인다면, 내 리스트로 만들어

보자.

내가 진행했던 싶다리스트 프로젝트의 마지막 시간에는 공식적으로 서로의 리스트를 볼 수 있는 시간이 있다. 상대방의 싶다리스트를 보는 건 마치 일기장을 훔쳐보는 것처럼 재미있다. 나와 비슷한 리스트가 많으면 괜히 친근감이 든다. 비슷한 목표를 가진 사람과 정보를 주고받으며 함께 성장해 나갈 수 있고, 내가 이미 경험해 본 리스트가 다른 사람의 싶다리스트에 있다면 도움이 될 수 있다.

다른 사람의 리스트를 참고해 하고 싶은 것을 찾아보자. 하고 싶은 걸 떠올리는 데에 익숙해질수록 하고 싶은 일은 점점 더 많아지고 다양해진다. 단순하고 쉬운 일들을 하나씩 하다 보면, 점점 더 큰 목표들도 자연스럽게 이루어지게 된다.

싶다리스트 작성하기

싶다리스트 작성 시 주의 사항

이제 본격적으로 싶다리스트를 작성해 보자. 우리는 100개의 싶다리스트 작성할 것이다. 100개는 너무 많다고 생각될 수 있지만, 떠오르는 대로 자유롭게 많이 적어 보는 것이 목적이니 너무 부담 갖지 말고 일단 적어보자. 적다 보면 충분히 가능한 숫자이다. 처음에는 한 시간 동안 50개의 리스트를 작성하고, 나머지 50개는 일주일 동안 일상생활에서 천천히 채워가면 된다.

빈 종이와 펜을 준비하자. 타이머를 맞추거나 집중이 잘 되는 잔잔한 음악과 함께해도 좋다. 처음에는 생각나는 것이 적어서 힘들겠지만, 적다 보면 우리 뇌도 하고 싶은 걸 떠올리는 데 익숙해져 잘 떠오르게 될 것이다. 하고 싶은 걸 적는 것만으로 의미가 있을까? 적어놓은 많은 리스트를 살펴보면 나 자신을 발견하는 데 도움을 준다. 비슷한 단어가 반복되는 걸 모아보면 관심사가 보이고, 내가 원하는 이미지를 알게 된다. 이를 통해 내가 원하는 삶을 계획할 수 있게 도움을 줄 것이다.

싶다리스트를 작성하기 전 아래의 내용을 먼저 읽어보자.

☐ 싶다리스트 작성 시 주의 사항

1. 생각나는 대로 쓴다

나에 대해 생각하는 연습이라 생각하고 자유롭게 떠올리면서 적어 보자.

2. 가까운 미래를 생각하며 성장 가능성을 열어두고 쓴다

'이게 가능할까?'라는 생각은 잠시 접어두고 '이렇게 되면 좋겠다' 상상하며 적어 보자.

3. 사소한 것, 단순한 것도 적어 보자

일상의 평범하고 소소한 것들을 놓치기 쉽다. 당연하다고 생각되어 계속 미루게 되는 것들도 적어 보자.

4. 작성한 목록 모두 해야 한다고 생각하지 않는다

싶다리스트의 주인은 나 자신이므로 언제든지 리스트는 바뀔 수 있다. 시간이 흐르고, 경험이 쌓일수록 새로운 리스트가 만들어지고, 원하는 리스트는 바뀐다.

5. **다른 사람의 시선을 의식하지 말고 작성하자**

   사람들은 생각보다 남에게 관심이 없다.

6. **비용을 고려하지 말자**

   일단 원하면 쓰자. 우연한 기회가 언제 어떻게 찾아올지는
   아무도 모른다.

7. **즐겁게 작성하자**

   이걸 할 수 있을까? 이걸 언제 다 할까? 걱정하는 마음보다
   이루는 과정을 상상하며 설렐 수 있게 긍정적인 마음가짐
   으로 작성하자.

   싶다리스트는 이루고 싶은 것, 하고 싶은 것을 자유롭게 적
   은 리스트다. 우리는 할 일이 많아서 하고 싶은 일을 못 하고 살
   지만 막상 시간이 생기면 뭘 할지 몰라 어영부영 시간을 보내기
   마련이다. 싶다리스트는 내 시간을 가치 있게 만들어 줄 것이
   다. 그리고 목표를 잡을 수 있게 도와줄 것이다.

☐ 싶다리스트 작성 가이드

1. 자유롭게 작성하기(5분)

내가 하고 싶은 것이 무엇인지 생각나는 대로 종이에 적어 본다. 사소한 일도 괜찮다. 시간 나면 해 보고 싶은 일들도 적는다. 그리고 이루지 못할 것 같지만 한 번쯤 해 보고 싶은 꿈이 있다면 적는다. 나만 보는 목록이니까 조금은 솔직하게 하고 싶은 일들을 적어 보자.

다음 나열되는 단어를 보고 관련된 하고 싶은 일들을 적어 보자. 생각나지 않아도 주어진 7분 동안은 단어에 집중하며 생각하는 시간을 가져보자.

2. 건강, 돈, 꿈, 직업, 공부, 여행(7분)

---

3. 사랑, 가족, 음식, 물건, 경험(7분)

---

4. 성격, 자기 계발, 봉사, 워너비, 습관(7분)

5. 하고 싶은, 되고 싶은, 가고 싶은(5분)

'인생'에서라고 크게 생각하면 어렵다. 1년 또는 3년 후를 생각하며 '가까운 미래'에 원하는 걸 작성해 보자. 꼭 경험이 아니어도 좋다. 내가 바라는 이미지를 적어도 된다.

6. 이루고 싶은, 사고 싶은, 바꾸고 싶은(5분)

7. 일상의 작고 소소한 것(5분)

크고 대단한 꿈도 좋지만 일상의 평범하고 소소한 것들도 중요하다. 사소해서 목표로 잡지 않는 것들을 생각해 작성해 보자.

8. 경험해 본 것들 중 다시 하고 싶은 것(5분)

지금까지 경험 중 행복했던 기억, 생각하면 웃음이 나는 일들을 떠올려 보자. 다시 한번 해 보고 싶은 것들을 적어 보자.

-----

9. 좋아하는 사람들과 함께하고 싶은 것(5분)

남자 친구/여자 친구, 남편/아내, 아이들, 부모님, 친구들과 함께 해 보고 싶은 일들을 적어 보자.

-----

10. 나를 위한 싶다리스트(5분)

오롯이 나를 위한 리스트를 생각해 다시 한번 보자. 혼자만의 시간에 뭘 하고 싶은지, 나에게 어떤 선물을 하고 싶은지. 어떤 사람이 되고 싶고, 어떤 말이 듣고 싶은지, 뭘 잘하고 싶은지 적어 보자.

한 시간 동안 나에 대해서 이렇게 집중해 본 적이 있는가? 열심히 머리를 짜내 생각하다 보면 머리가 아프기도 하다. 한 번에 100가지를 채우는 것은 당연히 쉽지 않은 일이다. 하지만 내가 하고 싶은 것들을 떠올리는 연습을 한 시간 동안 충분히 해 보았으니, 이제 일상에서도 문득 하고 싶은 일들이 떠오를 것이다. 그럴 때마다 싶다리스트 종이에 적어 두자.

아래 150개의 싶다리스트를 참고해서 나만의 리스트를 만들어 보자.

☐ 싶다리스트 예시 150

1. 1000피스 퍼즐 맞추기

2. 100만 원 마음대로 쓰기

3. 100명 앞에서 강의하기

4. 1년에 책 100권 읽기

5. 1일 1팩 하기

6. 30개국 이상 방문하기

7. SNS로 수익 내기

8. TV 출연하기

9. 가격표 보지 않고 쇼핑하기

10. 가계부 꾸준히 쓰기

11. 가족사진 찍기

12. 가족회의 열기

13. 감사한 사람들에게 선물하기

14. 건강검진 받기

15. 겨울에 여름 나라 여행 가기

16. 결심하면 바로 실천하기

17. 결혼식 축가 부르기

18. 고마워, 사랑해 표현 자주 하기

19. 공모전 참가해서 수상하기

20. 교복 입고 롯데월드 가기

21. 기부하기

22. 나를 위한 투자 아끼지 않기

23. 나만의 멘토 찾기

24. 나만의 브랜드 만들기

25. 나만의 전시회 열기

26. 나만의 책상 갖기

27. 나만의 콘텐츠 찾기

28. 내 단점 3가지 적고 보완할 점 찾기

29. 내 상품 만들기

30. 내 장점 3가지 찾기

31. 네이버 인물사전에 등록 하기

32. 네일아트 받기

33. 노래 배우기

34. 누군가의 롤 모델 되기

35. 누워서 스마트폰 보지 않기

36. 눈치 보지 않기

37. 독서 모임 운영하기

38. 동네 친구 사귀기

39. 동화책 만들기

40. 드레스 입고 파티 참석하기

41. 드림보드 만들기

42. 라디오 사연 당첨되기

43. 라식 수술하기

44. 록 페스티벌 참가하기

45. 로또 1등 당첨되기

46. 롤 모델과 식사하기

47. 마라톤 5km 참가하기

48. 마사지 받으러 가기

49. 매일 To do list 작성하기

50. 매일 감사 일기 작성하기

51. 매일 긍정 확언 외치기

52. 매일 물 3잔 마시기

53. 머리 염색 해보기

54. 명함 만들기

55. 모임의 리더 되기

56. 미니멀 라이프로 살아보기

57. 보디 프로필 찍기

58. 버스킹 공연 해보기

59. 베이킹 배우기

60. 별이 쏟아지는 사막 여행하기

실행하는 비법 '3653071'

'싶다리스트'를 작성해 봤다. 떠오르는 대로 적은 거라 조금은 산만해 보일 수 있다. 하지만 무작정 적은 것 같은 리스트를 살펴보면 내가 어떤 걸 좋아하는지, 어떤 사람인지 알 수 있다. 리스트를 하나하나 보면서 어떤 단어들이 반복되는지 살펴보고 나 스스로를 정의해 보자.

'나는 혼자 해보고 싶은 리스트들이 많은 걸로 봐서 혼자 있는 시간이 있어야 하는 사람이다. 반면, 모임을 기획하거나, 재미있는 프로젝트를 해보고 싶다는 리스트도 보인다. 내향적이지만 때로는 외향적 성격도 가지고 있다. 자꾸 무언가 해보고 싶고, 가 보고 싶어 한다. 새로운 도전과 경험에 관심이 많은 걸 보니 미래지향적인 사람인 것 같다. 문화 예술 쪽에도 관심도 크다는 걸 알 수 있다.'

리스트만으로 단정할 수 없지만, 현재 내 마음을 가장 잘 알 수 있는 방법이기도 하다. 내가 원하는 것들을 보는 것만으로도 에너지가 솟아나는 느낌이 들었을 것이다. 이제 어떤 것부터 시작하면 좋을까?

한눈에 보기 좋게 정리하기

나열된 리스트를 만다라트로 정리하면 한눈에 보기 쉽게 정리할 수 있다. 만다라트는 아이디어를 발상해 나가는 데 도움을 주는 사고 기법으로 목표를 시각적으로 정리하고 구체화하는데 도움을 준다. 처음 만다라트를 보면 복잡해 보일 수 있지만 막상 해보면 아주 어렵지 않다. 이미 우리는 싶다리스트를 작성했기 때문에, 리스트를 보기 좋게 재배치한다고 생각하면 쉽다.

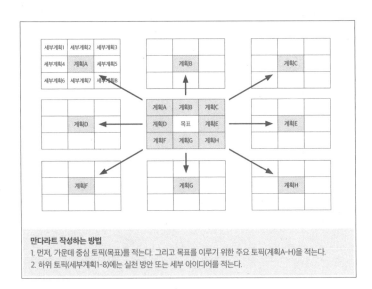

만다라트 작성하는 방법
1. 먼저, 가운데 중심 토픽(목표)를 적는다. 그리고 목표를 이루기 위한 주요 토픽(계획A-H)을 적는다.
2. 하위 토픽(세부계획1-8)에는 실천 방안 또는 세부 아이디어를 적는다.

1. 가운데 중심 토픽(목표)을 적는다

만다라트 중심에 내가 이루고 싶은 큰 꿈이나 목표를 적는다.

2. 목표를 이루기 위한 주요 토픽(계획 A-H)을 적는다

싶다리스트에서 반복되는 리스트를 골라 상위 단어를 생각 해보자. 리스트를 분류한다고 생각하면 된다. 이 계획들은 큰 목표를 이루기 위한 핵심적인 방향성을 제시한다. 예를 들어 자기 계발, 건강, 습관, 가족 등의 키워드를 넣을 수 있다.

3. 하위 토픽(세부 계획 1-8)을 적는다

싶다리스트의 내용을 각 키워드에 맞게 채워 보자. 주요 계획에 대한 작은 목표나 목표를 실천하기 위한 구체적인 행동들을 작성한다. 빈칸이 있다면, 계획과 관련된 행동을 추가로 적어보자.

현재 내가 중점적으로 생각하는 키워드가 무엇인지, 어떤 구체적인 행동이 필요한지 알 수 있다. 계획 A-H, 8개의 칸을 다 쓰지 않아도 된다. 몇 개의 칸을 비워두고 긍정적인 문구나 확언을 넣어도 좋다. 만다라트를 활용하여 목표와 계획을 정리하면, 시각적으로 목표가 더욱 명확해지고 실천할 수 있는 계획들이 분명해진다.

지금 바로 실행할 수 있는 일들

만다라트에 굳이 들어가지 않아도 되는 리스트들이 있다. 보통 단기적으로 한 번 경험해 보고 싶은 일들이며, 사람마다 차이가 있겠지만 이 리스트들은 일상에 행복을 더해주는 소소한 일들이다. 사실 마음만 먹으면 바로 할 수 있는 일들이 많은데, 왜 하지 못했을까? 당장 실행할 수 있을 것 같은 세 가지를 골라 일주일 안에 실행해 보자. 언제든 할 수 있다고 생각해 미뤄왔던 일들을 더 이상 미루지 말고 해보자.

'싶다리스트' 프로젝트를 함께했던 수강생 중 한 분은 요즘 유행하는 '인생 네 컷'을 아이들과 찍어보고 싶다고 했다. 주말에 바로 아이들에게 '엄마의 과제'라고 얘기하고 스티커 사진을 찍었고, 아이들이 좋아하는 마라탕을 함께 먹었다며 인증 사진을 올려주셨다. 하고 싶은 일을 과제로 낼 수 있어 행복했고, 바로 실행한 용기에 감사하며, 그 경험을 공유해 모두를 행복하게 만들어 주어서 감사했다. 또 다른 한 분은 좋아하는 붕어빵을 먹고 싶다는 리스트를 작성했다. 붕세권(붕어빵과 역세권을 합친 신조어. 붕어빵을 쉽게 먹을 수 있는 지역을 뜻한다)에 살고 있어서 겨울에 먹고 싶으면 언제든 먹을 수 있는 것으로 생각했는데, 반

드시 흔한 일은 아니었다. 붕어빵을 먹기 위해 잔돈을 챙겨 다
닌 어느 날, 마침내 붕어빵을 먹게 되었다는 반가운 소식을 들
었다. 소소한 일이지만 하고 싶은 일을 해냈다는 기쁨이 가득했
다.

　미뤄둔 염색하기, 부모님께 전화하기, 감사 일기 쓰기, 거울
보고 웃는 연습하기 등 지금 바로 실행할 수 있는 간단한 일들
을 당장 해보자. 행복은 강도가 아니라 빈도다. 일상에 작은 소
소한 하고 싶은 일들을 기억해 두고, 이를 실행하는 기쁨을 느
껴보자. 하고 싶은 일을 해냈다는 작은 성공 경험으로 나머지
리스트들도 해내는 힘이 생길 것이다.

실행하는 비법 '3653071'

싶다리스트를 작성하고, 만다라트로 보기 좋게 정리했고, 쉬운 리스트를 실천해 보았다. 이제 목표를 정해 하나씩 실행할 수 있게 만들어 보자. 4년 동안 상상 속에 있던 리스트들이 빠르게 이루어진 비법은 바로 '3653071'이다. 이 방법을 통해 기간을 정하고, 하고 싶은 일들을 나누어 적어보자.

3653071

1년(365)→한 달(30)→일주일(7)→하루 TO DO LIST(1)

- **1년(365):** 싶다리스트에서 올해 해보고 싶은 리스트를 뽑아 적어보자. (남은 올해를 기준으로 하자. 다가올 내년을 기다리거나 내년부터 하자는 생각은 하지 말자.) 만다라트에서 소주제로 정했던 키워드를 바탕으로 리스트를 채워 보자. 만다라트와 다른 점은 '올해'라는 기한이 생긴 것이다. 자기 계발 키워드로 독서와 운동, 습관 만들기 등 성장과 관련된 리스트를 넣어보자. 한번 도전해 보고 싶은 리스트는 '도전'이나 '목표'라는 키워드를 넣고 나열하면 된다.

가족과 함께하는 시간을 목표로 한 리스트나, 사고 싶은 물건에 대한 리스트를 넣어 목표 달성 시 나에게 주는 보상으로 만들어도 좋다. 분류하기 어려운 리스트는 그냥 '싶다리스트' 키워드로 묶어보자. 1년이라는 기간으로 설정했기 때문에 조금은 둥글둥글하게 작성하자. 몇 개월 후 목록이 추가되거나 삭제될 수 있다.

- **한 달(30), 일주일(7)**: 1년 리스트에서 몇 가지를 뽑아 이달의 목표를 정해보자. 그달의 행사나 계획 등을 고려해 10개 이내로 작성하고, 한 달 스케줄러 빈 공간에 적어 두자. 예를 들어, 1년 목표가 책 30권 읽기라면, 한 달 목표에는 몇 권을 읽을 것인지, 어떤 책을 읽을 것인지 구체적으로 적는다. 영어 섀도잉을 목표로 한다면, 이번 달에 몇 페이지까지 또는 며칠 차를 완료할 것인지 쓰자. 30일 기준으로 목표를 설정할 때, 바쁜 날이나 계획 있는 날을 제외하고, 여유를 두어 20일 정도로 설정하는 것이 좋다. 일주일 계획은 한 달 목표에서 가져와 조금 더 구체적으로 작성한다.

- **하루 투두리스트(1)**: 일주일 계획에서 조금씩 가져와 하루 단

위로 작성한다. 큰 목표를 매일 조금씩 나눠 작성하고, 작은 스텝으로 조금씩 진행하다 보면 큰 목표도 해낼 수 있다. 예정된 스케줄이 취소되거나 여유로운 날이 있다면, 작성한 싶다리스트를 보고 그날 하고 싶은 일을 적어보자. 투두리스트에 적는 내용과 체크 방법 등은 2장에서 더 자세하게 다룰 것이다.

지금까지 했던 모든 과정은 매일의 투두리스트를 의미 있게 쓰기 위한 준비 과정이었다. 하루 24시간은 인생의 축소판이다. 하루를 어떻게 보내느냐에 따라 인생이 달라질 수 있다. 매일 하루를 주체적으로 살아간다면, 인생도 생각하는 대로 만들어갈 수 있을 것이다.

인생 싶다리스트를 적고, 한해 목표를 적는다.

한 해 목표에서 가져와 한 달 목표를 적고,

한 달 목표에서 가져와 일주일 목표를 적는다.

그리고 한 주 계획에서 가져와 투두리스트를 적는다.

적어 둔 목표는 수정되기도 하지만 방향을 알 수 있어 도움이 된다.

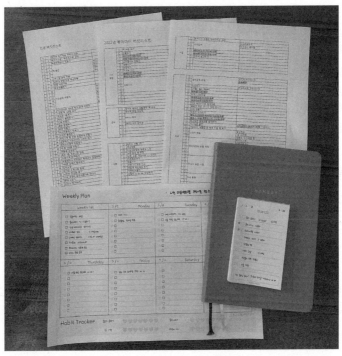

매월 1일, 매주 일요일은 계획 세우는 날이다. 한 달 목표를 일주일로, 일주일 목표를 7일로
쪼개서 적으면 어렵지 않은 아주 작은 일이 된다.

주도적으로 살기 위해 주기적으로 하는 일

"이걸 언제 다하지?"

리스트를 보면서 숙제처럼 느끼면 안 된다. 단기간에 해치워야 할 숙제가 아니라 인생 전체를 두고 하나씩 신나게 해 나가야 할 재미있는 일들이다. "나도 몰랐던 열정과 에너지가 내 안에 가득하구나!"라고 느끼면, 내 삶의 원동력이 된다는 생각에 즐거워질 것이다. 단기간에 해치우지 말고, 또 너무 아껴 두지도 말자. 주기적으로 리스트를 확인하며 해낸 일을 체크하고, 업데이트하고, 수정해 보자. 경험이 쌓일수록 리스트는 점점 더 업그레이드될 것이다.

누군가가 부럽다는 생각이 든다면

누군가의 경험과 도전을 보며 부럽다는 생각을 해본 적이 있는가? 그렇게 하지 못한 내가 못나 보이고, 또 시기 질투를 하는 내가 더 못나 보인 적, 한 번쯤 있을 거다. 그러나 긍정적인 해석으로 누군가가 부럽다는 건 '나도 해보고 싶다'는 뜻이다. 예전 영어 회화 시간에 영어를 잘하는 사람이 부럽다고 말하며 'envy' 단어를 사용했다. 그때 원어민 선생님께서 "부정적인 마음이 아니라면 'I want to be like you'라는 표현을 사용하는 것이 좋다"고 얘기해 주셨다. 부럽다는 마음은 사실 '나도 너처럼 되고 싶다'는 의미를 담고 있다. 그것은 내가 되고 싶은 모습, 내가 나아가고자 하는 방향을 찾았다는 뜻이다. 관심이 없다면 부럽다는 생각이 들지도 않는다. 시기와 질투를 넘어 긍정적인 방향으로 나아가기 위해 노력해 보자. 언젠가 한 번쯤 해보고 싶다는 생각이 든다면, 그 일들을 적어보자. 지금은 무리라고 느껴지는 일도 언젠가는 가능해 질 수 있다. 중요한 것은 내가 하고 싶다는 마음이다. 그 마음은 나와 주변을 움직여 변화하게 해줄 것이다.

싶다리스트를 작성한 이후로는 일상에서 하고 싶은 일들이 다르게 다가올 것이다. 예전에는 재미있어 보이는 일들을 보고 '재미있겠다' 하고 말았다면, 이제는 '나도 해볼까?'라는 생각이 들 것이다. 새로움을 발견하고 그것을 나와 연결하는 즐거움을 찾아보자. 한번 해보면 두 번은 조금 더 쉬워진다. 하다 보면 익숙해지고, 익숙해지면 능숙해진다.

싶다리스트는 쓰면 쓸수록 늘어난다. 책을 읽다가도 떠오르고, 밥을 먹다가도 떠오르며, 주변 사람의 이야기를 듣다가도 떠오를 것이다. SNS 보면서 콘텐츠 소비만 하지 말고, 부럽다고 느낀 일이나, 경험해 보고 싶은 것들을 적어 두자.

혹시 '스마트폰 도청'이라는 말을 들어본 적이 있는가? 친구와 나눈 이야기들이나 내가 검색해 본 단어들이 어느 순간부터 광고로 나타난다. 음성인식 기능과 검색 기록, 알고리즘을 이용하는 것도 하나의 방법이다. 요즘은 SNS를 통해 홍보하는 다양한 이벤트들이 많아졌다. 기업의 홍보 방식도 더욱 다양해져 소비자들이 직접 참여해 함께 문화를 만들어가기도 한다. 각 시·도에서 열리는 문화 행사나 지역행사 등을 통해 내가 해보고 싶었던 리스트와 맞는 기회를 발견할 수 있다. 세상엔 내가 미처 알지 못한 정보들이 많다. 기회가 오면 적극적으로 할 준비만 하고 있으면 된다.

언젠가 확실한 그날을 기대하며

나에겐 특별한 노트가 한 권 있다. '슈얼리 섬데이(Surely someday)'라고 붙여진 노트는 언젠가 하고 싶은 일들을 적어 두는 리스트 북이다. 자유롭게 생각하며 적은 싶다리스트를 주제별로 분류해 놓은 노트다. 언젠가 확실한 그날이 올 거라 생각하며 붙인 이름이다. 하고 싶은 일이 생겨도, 지금 하는 일들로 인해 당장 시작하지 못하는 경우가 많다. 그럴 때마다 이 노트에 적어 두고, 한 달, 한 주 계획을 세우거나 '오늘 뭐 하지?' 싶은 날 리스트를 보고 실행한다. 가고 싶은 곳, 하고 싶은 일들을 스마트폰에 저장해두지만, 다시 들여다보지 않는 경우가 많았다. 그래서 한 권의 노트에 모아 적고 있다. 하고 싶은 일 외에도 다시 돌아보고 싶은 순간이나, 오래도록 기억하고 싶은 추억을 기록한다.

- **가고 싶다**: 꼭 한번 가고 싶은 해외 여행지 그리고 국내 여행지로 나누었다. 누군가에게 들은 멋진 곳이나 TV, SNS에서 본 가고 싶은 장소들을 발견하면 적는다. 멋진 자연 경관을 볼 수 있는 곳, 경험해 보고 싶은 축제나 재미있는 장소들, 그리고 맛집 리스트도 있다. 리스트 앞에 지역을 적어 두면 어디인지 쉽게 알 수 있다. 날씨가 좋은 어느 날 무작정 나들이를 가고 싶을 때, 1박 2일로 급히 여행을 떠날 때, 무작정 알아보는 것보다 평소에 가고 싶던 곳을 갈 수 있다.

- **읽고 싶다**: 세상에 읽고 싶은 재미있는 책들이 정말 많다. 지

금 읽고 있는 책을 다 읽기도 전에 또 다른 읽고 싶은 책이 발
견된다. 새로 나온 베스트셀러도 읽고 싶고, 지인의 추천 책
도 읽고 싶다. 모두 다 읽으려면 몇 달 밤을 새워도 모자란다.
읽고 싶은 리스트에 적고 하나씩 읽어본다.

- **배우고 싶다**: 조금 여유 시간이 생기거나, 삶의 변화를 주고
  싶을 때, 배우고 싶은 목록을 본다. 여유가 된다면 학원에 다
  니거나, 짧은 시간이라면 원데이 클래스를 신청한다. 요즘엔
  온라인 클래스도 많아 시간과 장소에 구애받지 않고 배울 기
  회가 많다. 새로운 기술을 배우거나 취미를 찾는 일은 일상
  에 활기를 더해준다.

- **보고 싶다**: 보고 싶은 책, 영화, 드라마, 공연, 전시회 등을 적
  어 두고 시간이 날 때, 하나씩 골라서 본다. 귀한 시간에 하나
  씩 아껴서 보면 집중도 잘 된다. 공연, 전시회는 예매 오픈 일
  을 기억해 두면 좋은 자리를 선점하거나 조기 예매 할인 등을
  받을 수 있다.

- **갖고 싶다**: 꼭 필요하진 않지만 갖고 싶은 물건들을 사고 싶

은 리스트에 적어 두고 내가 설정한 목표를 달성 했을 때나 위로가 필요한 날 나에게 선물로 준다. 때로는 누군가에게 선물 받을 일이 있을 때, 리스트를 참고해 적당한 선물을 골라 이야기하기도 한다. 주는 사람도, 받는 사람도 편하다.

- **만나고 싶다**: 만나고 싶은 사람의 리스트는 특별하다. 좋아하는 연예인이나 스포츠 선수, 또는 깊은 감동을 준 책의 작가, 꼭 한번 다시 뵙고 싶은 스승님 그리고 롤 모델 등이 있다. 만나고 싶은 사람의 이름을 적고 그 옆에는 만나면 꼭 하고 싶은 이야기를 적어 둔다. 옛날엔 유명 인사나 옛 친구, 선생님을 만나는 것이 힘든 일이었지만, 요즘엔 SNS 덕분에 마음먹으면 찾을 수 있고 연락도 할 수 있다. 세상은 생각보다 좁아서 길을 가다가 우연한 기회로 만날 수도 있다. 만났을 때 꼭 하고 싶은 이야기나 물어보고 싶은 것을 생각해 두면 '떨려서 아무 말도 못 했어!'라는 후회는 하지 않을 것이다. 두고두고 기억에 남는 특별한 추억이 되도록 만들 수 있다.

- **내가 행복했던 순간**: 무언가를 성취했을 때, 해냈을 때의 기쁨도 있지만, 소소한 일상에서 발견한 행복한 순간들도 소중

하다. 적어 둔 글을 보면 그때의 장면이 생생하게 떠오르며 행복한 기분이 다시 전해진다. 작은 행복에서 찾은 감사를 잊지 않고, 또 그런 날을 기대해 본다.

"햇볕이 따뜻하게 내리쬐던 오후, 내가 좋아하는 바닐라라테를 들고 분수 쪽을 향해 걸어가는데 내가 앞에 도착하자마자 분수가 올라왔다. 영화 속 주인공이 된 듯한 기분이었다."

"첫아이가 두 돌쯤 되었을 때, 저녁상을 정리하면서 거실을 바라봤는데 남편과 아이가 소파에 앉아 새우깡을 나눠 먹으며 웃고 있었다. 뻥튀기만 먹던 아이가 처음 어른 과자를 먹는 모습도 귀여웠고 아빠와 친구처럼 웃으며 노는 모습을 바라보는 순간 행복했다."

- **힘이 되는 칭찬**: 기분 좋은 칭찬을 들으면 하루 종일 기분이 좋다. 다시 생각해도 기분이 좋고 또 듣고 싶은 말이다. "롤모델이에요", "미래 님처럼 되고 싶어요", "덕분에 해냈어요!" 나의 이야기가 누군가에게는 희망이고 꿈이 될 수 있다는 사실에 힘이 생겼던 날. 더 열심히 살며 좋은 에너지를 전달하

는 사람이 되자 마음먹었던 그날을 기억하며, 언젠가 또 그 말을 들을 수 있는 날이 오길 기대하며 기분 좋은 칭찬을 적어 둔다.

적으면 이루어진다고 했다. 내가 적어 둔 리스트는 일상에서 길을 가다가도, 어느 공간에서도 관련된 문구를 발견하게 해준다. 마치 '나 여기 있어요!' 확대해서 보여주는 것 같다. '동화 구연 지도사 공부를 하고 싶다'고 적어 두었는데 도서관에 갔다가 우연히 벽에 붙은 동화 구연 지도사 과정 모집 공고를 보았다. 동네 도서관이라 프로그램 비용이 저렴하고 가까워 바로 등록해 배웠다. 한번 해보고 싶던 라탄 바구니, 앙금 플라워 케이크 만들기는 어느 기업의 비즈니스 센터에서 무료로 강의를 들을 수 있었다. 생각하고 적어둔 일들은 '확실한 언젠가' 나에게 다가온다.

싶다리스트를 주제별로 분류해 두면 하고 싶은 일들을 체계적으로 관리하는 데 유용하다. 나만의 방법으로, '슈얼리 섬데이' 노트를 만들어 보자.

싶다리스트는 내가 무엇을 원하는지 알고 주체적으로 살며 하나씩 해 나가기 위함이다. 수시로 하나씩 떠오를 때마다 칸이 채워지고, 투두리스트를 작성하며 하나씩 또 지워진다. 이 리스트들은 내 시간을 가치 있게 만들어 준다. 또 앞으로의 시간들도 꿈꾸고 기대하게 만들어 줄 것이다.

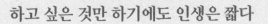

하고 싶은 것만 하기에도 인생은 짧다

하고 싶은 걸 찾는 시간이 필요하다

쉬면서 노는 학교가 있다. 정해진 시간표 없이 자기가 원하는 걸 선택할 수 있다. 잔소리와 경쟁, 숙제가 없는 학교. 공부는 하고 싶을 때만 하면 된다. 아이들은 쉬면서 놀면서 스스로 생각하고 느끼고 배우며 꿈을 찾아간다. 90년대에 나온 《쉬면서 노는 학교》의 이야기다. 어릴 때 이런 학교가 있으면 당장 가고 싶다며 책 표지가 닳도록 여러 번 읽었다. 그런데 이런 꿈의 학교가 세상에 진짜 존재했다. 강화도에 있는 '꿈틀리 인생 학교'는 덴마크의 인생 설계 학교인 에프터스콜레를 한국식으로 적용한 최초의 학교다.

> 입시 경쟁 속에 쉴 새 없이 앞만 보고 달려야 하는 한국 청소년들에게 '옆을 볼 자유'를 준다. 스스로, 더불어, 즐겁게 생활하면서 자기가 무엇을 하고 싶은지 찾게 한다. 충분한 시간적 여유를 가지고, 다양한 선택지 속에서, 남의 눈치를 보지 않고 나는 누구인지, 무엇을 좋아하는지, 나와 우리의 행복을 위해 오늘 어떤 씨앗을 뿌려야 하는지 탐험하게 한다.
>
> - 꿈틀리 인생 학교 블로그에서

지금 왜 공부를 하고 있는지, 앞으로 무엇을 하고 싶은지 알지 못한 채 따라가는 학교 수업은 어떤 의미가 있으며 얼마나 효과적일까? 나를 탐색하는 시간은 필요하다. 잠시 멈추는 것은 버려지는 시간이 아니다. 더 옳은 방향으로 속도를 내기 위해 필요한 시간이다. 진지하게 생각하고 탐험한다면 앞으로 살아가는 큰 힘이 될 것이다.

하고 싶은 걸 찾고 탐구하는 시간은 진로를 찾는 청소년에게만 필요한 것이 아니다. 대학을 졸업하고 취업을 앞둔 사람에게도, 회사와 집만 다니는 직장인에게도, 육아로 경력이 단절된 엄마에게도, 은퇴 후 인생을 즐기며 살아갈 어른들에게도 꼭 필요한 시간이다.

한동안 매주 일요일 새벽에 혼자 카페에 갔다. 남편도 아이들도 잠든 시간, 스마트폰은 잠시 내려놓고 책도 읽고 다이어리를 작성하며 생각을 정리했다. 나에 대해 알아보고, 하고 싶은 걸 찾는 시간이었다. 한 주, 한 달, 미래 계획도 세워본다. 늘 잠이 부족하고 피곤했는데 신기하게 더 일찍 일어나는 일요일은 에너지가 넘친다. 아주 짧은 시간이라도, 아주 작은 일이라도 원하는 것을 했을 때 마음이 채워지고 또 다른 에너지가 솟는 것을 느낀다. 그래서 하고 싶은 것을 발견하기 위해 고민하는 시간을 만들어야 한다. '어떻게'는 나중의 문제다. 하고 싶은 것을 발견하면 '어떻게'는 자연스럽게 찾아진다. 나에 대해 알아가는 시간은 어려운 일이지만, 그만큼 즐겁다.

예쁜 숙이 이모의 인스타그램에는 요즘 기타 치며 공연하는 모습과 셔플 댄스를 배우는 영상이 자주 올라온다. 아름다운 중년의 삶을 준비하는 이모는 새로운 도전과 경험을 하는 것이 즐겁다고 한다. 누구보다 멋지게 사는 엄마는 마음먹으면 무엇이든 해내는 사람이다. 하고 싶은 일이 생기면 도전하고, 배우는 걸 두려워하지 않는다. 자기 관리도 철저하다. 매일 아침 5시에 일어나 화장하고 신문을 본다. 사업을 하면서 시니어 모델 활동도 하고, 커피와 노래, 기타를 배우는 등 배움과 가꿈을 늘 실천하는 엄마를 보면 나보다도 에너지가 넘친다. 원하는 걸 찾고 실행하는 즐거움 덕분이 아닐까 싶다.

집 근처 도서관에서 진행하는 '동화 구연 지도사' 수업을 들으러 갔다. 함께 수업 듣는 분들은 50~60대, 70대 큰언니도 있었다. 은퇴 후 또는 육아 졸업 후 자신만의 취미생활을 즐기고 새로운 것을 배우러 다니는 멋진 분들이었다. 나보다도 열정적인 언니들은 수업 시간에도 적극적이고 과제도 열심히 해왔다. 자격증을 취득한 후에는 어린이집에서 동화책 읽어주는 할머니로 일하고 싶다는 꿈도 가지고 있었다. 진심으로 즐기면서 하고 싶은 것을 배우는 언니들, 다른 요일에는 악기도 배우고 있고 곧 공연도 한단다. 하고 싶은 것을 찾아 배우고 즐기는 언니들의 얼굴엔 행복이 가득했다. 지금 언니들은 또 어디에서 어떤 재미있는 활동을 즐기고 있을까?

우리, 하고 싶은 거 다 해요

"인생에서 후회되는 건 없으신가요?"

"60세에 바이올린을 배우고 싶다고 생각했는데, 이미 늦었다고 생각해서 배우지 않았어요. 그때 시작했더라면 30년이나 할 수 있었는데……."

《나는 습관을 조금 바꾸기로 했다》에서 나오는 90세 할머니의 이야기에 정신이 번쩍 들었다. 내가 늦었다고 생각해 미루는 일들은 무엇이 있을까? 다른 사람의 시선 때문에 혹은 자신 없어서 하고 싶은데 하지 못하는 일들은 무엇이 있을까? 시작하기에 결코 늦은 나이는 없다. 시작하지 않은 늦은 후회만 있다. 하고 싶은 것만 하고 살아가기에도 우리의 인생은 짧다. 하고 싶은 걸 모르는 상황에서 인생은 길고 지루할 수 있지만, 하고 싶은 것을 하나둘 찾아가고 실행하는 과정에서 인생을 즐겁고, 시간이 흘러가는 게 아까울 만큼 빨리 간다.

"그런 걸 왜 해?", "내가 아는 사람이 그거 했는데 별로래."

도움 줄 게 아니면, 방해는 하지 말아야 한다. 악의 구렁텅이에 빠진 게 아니라면, 누가 봐도 잘못된 일이 아니라면, 다른 사람에게 피해 주는 행동이 아니라면, 그냥 해봐도 괜찮지 않을까? 내가 할까 말까 고민할 때마다 남편이 하는 말이 있다. "못하는 이유 100가지보다, 하고 싶은 한 가지 이유에 집중해. 일단 해봐, 한 만큼은 이득이야." 다른 사람의 생각보다 내가 하고 싶은 이유에 대해 집중하자. 누군가에게는 맞지 않아도 나에게는 맞을 수 있다. 누군가에겐 실패일 수 있어도, 나에겐 성공이 될 수 있다. 해본 사람의 이야기를 들어보자. 안 해본 사람의 이야기는 대부분 부정적인 상상일 뿐이다.

남편은 최근에 하고 싶은 일을 하기 위해 14년 동안 다닌 회사를 퇴사했다. 대기업 전문직에서 인정받는 사람이었지만, 퇴사를 결심하자 주변에서 많이 말렸다. 지금은 나와 함께 카페를 운영하고 있다. "카페는 힘들어", "카페는 돈이 안 돼", "안정적인 직장이 좋지", "다시 회사 가는 게 낫지 않아?"라는 걱정 어린

말들이 있었지만, 우리 부부는 오랫동안 고민했고, 원하는 삶을 만들어가기로 했다.

나름대로 준비를 많이 했지만, 여전히 불안함은 있다. 우리의 선택이 후회되지 않도록 좋은 결과를 만들어 내기 위해 열심히 노력하고 있다. 가정을 이루고 있어서 더 큰 책임감을 느끼며, 앞으로 더 나아가기 위해 계속해서 공부하고 있다. 우리 부부는 카페를 시작으로 우리만의 다양한 이야기를 만들어 나갈 계획이다.

하고 싶은 걸 찾고, 그것을 실행하기 위해 마음먹는다는 것은 결코 쉬운 일이 아니다. 특히 회사를 그만두거나, 큰돈을 들이는 사업을 시작하는 등 인생의 큰 변화를 불러오는 결정이라면 그 어려움은 더욱 크다. 준비는 했지만 결과가 어떻게 될지 확신할 수 없고, 여러 가지 걱정들이 머리를 가득 채운다. 혼자가 아니라 가족이 있다면 그 부담은 더 커지기 마련이다. 하고 싶은 일을 마음껏 하게끔 세상이 호락호락하지도 않다는 사실을 알면서도, 불확실한 상황 속에서 우리는 길을 찾아가야 한다.

그래도 우선, 작은 것부터 시작 해보자. 지금 당장 큰 변화를 주기 어렵다면, 하고 싶은 일을 선택하고 실행하고 과정을 되돌아보는 연습을 먼저 하자. 매일 투두리스트를 작성하면서 하고 싶은 일을 잘게 쪼개 조금씩 실행해 보자. 스스로 계획한 주체적인 하루를 살며, 원하는 것들을 조금씩 담아내는 투두리스트로 점차 원하는 인생을 만들어 보자. 그 꿈을 향해 가는 한 걸음은 큰 꿈을 현실로 만들어갈 수 있는 첫 번째 발걸음이 된다. 만약 하루가 너무 바빠서 하고 싶은 일을 할 시간이 없다면, 하지 않아도 될 일을 하고 있지 않은지 점검해 보자. 정말 중요한 일이 무엇인지 되새기고, 그 시간을 만들기 위한 방법을 고민 해 보자. 하고 싶은 일은 결국 시간을 내어 반드시 하게 된다.

PART 2

실행하는 힘
투두리스트

TO DO LIST

☆ ☐ _____

☆ ☐ _____

☆ ☐ _____

☆ ☐ _____

☆ ☐ _____

☆ ☐ _____

☆ ☐ _____

☆ ☐ _____

왜 투두리스트인가?

시간을 관리하는 데 도움 되는 도구들

다이어리를 사용한 지 25년이 넘었다. 모든 스케줄 관리, 목표 설정, 비밀 일기와 그리고 생각 정리도 다이어리에 기록해 왔다. 내 다이어리는 내 보물 1호라고 할 수 있을 정도로, 모든 것이 담겨있는 내 비밀 노트와도 같다. 인생에 변화가 필요하다고 느꼈던 순간, 하루를 기록하고 관리할 다른 도구가 필요하다는 생각이 들었다. 그래서 시간 관리에 도움이 되는 여러 가지 도구들을 하나씩 사용해 보고 관련 책도 읽으며 나에게 맞는 방법을 찾아봤다.

- **스마트폰 캘린더**(구글, 네이버): 요즘엔 종이 다이어리보다 스마트폰 캘린더를 선호하는 사람들이 많다. 기기별로 연동이 가능하고 언제 어디서든 로그인만 하면 일정을 확인할 수 있어 매우 편리하다. 다른 사람과 스케줄을 공유할 수 있고, 알림 설정도 가능하다.

- **앱**: 귀엽고 실용적인 시간 관리 앱이 많다. 괜찮은 앱의 경우 매월 또는 정기 구독이 필요하다. 무료 사용 시 광고를 봐야

하는 때도 있다. 나에게 맞는 앱을 찾기 위해서 다양한 앱을 사용해 보는 노력이 필요하다.

손에 늘 쥐고 다니는 스마트폰으로 시간과 일정 관리를 하면 정말 편리하지만, 가장 큰 단점이 스마트폰은 시간을 잡아먹는 도둑이 될 수 있다는 점이다. 일정이 뭐였지? 확인하려고 잠금 화면을 해제하면서 카카오톡 한 번, 인스타그램 한 번 확인하다 보면 얼떨결에 30분이 훅 날아간다. 유혹에 쉽게 빠지는 나 같은 사람들에게는 스마트폰으로 시간 관리하는 것이 적합하지 않다.

- **타임테이블**(시간에 따른 일정을 표시하는 표): 시간 단위로 계획을 세울 수 있다. 미리 일정을 정해두면 시간을 낭비하지 않고 계획에 따라 작업할 수 있다. 시간을 효율적으로 활용하고 생산성을 높이는 시간 관리 도구이다. 하루의 시간 사용이 한눈에 보여 회고하는 데에도 도움이 된다. 시간 사용을 보기 위해 여러 가지 색깔 펜을 사용하기도 하는데 작성할 때마다 시간이 소요된다. 시간 사용에 변수가 많은 사람(예를 들어 육아를 하는 엄마)에게는 사용이 힘들 수 있다.

- **데일리 플래너**: 시간 관리 전문가들이 많은 고민을 통해 만든 데일리 플래너는 실용적이고 예쁘기까지 하다. 1년 단위로 된 다이어리가 부담스러운 사람들을 위해, 한 달 단위로 얇게 제작된 플래너도 있어 편리하다. 투두리스트뿐 아니라 함께 습관 트래커, 감사 일기, 한 달 회고 등이 포함되기도 한다. 사용하지 않는 양식이 있을 수 있다. 투두리스트 쓰는 것이 습관이 된 후 자신에게 맞는 데일리 플래너를 찾는 것이 좋을 것이다.

- **노션**: 잘 만들어진 템플릿이 정말 많아서 툴 사용법을 익히면 자신에게 딱 맞는 템플릿을 만들 수 있다. 실시간으로 공유할 수 있고, 다양한 데이터를 저장하는데 쉽다. 시각화할 수 있어 시간 관리를 넘어 개인의 작업관리에도 활용도가 높다. 스마트폰보다 컴퓨터로 작성하는 것이 편리하지만 초기 사용법을 익히는 데 다소 시간이 필요하다.

투두리스트를 선택한 이유

가장 중요한 것은 사용하기 편리해야 한다는 점이다. 지속 가능하게 사용하려면 시간이 많이 들지 않고 단순해야 한다. 하루를 관리하기 위해 여러 가지 방법을 사용한 지 약 1년쯤 지났을 때, 모든 번거로움을 덜어내고 메모지에 투두리스트를 작성하기 시작했다.

TO DO LIST : 해야 할 일을 적은 리스트

투두리스트를 쓰는 방법은 정말 간단하다. 메모지와 펜만 필요하다. 따로 시간을 들여 기능을 익힐 필요도 없고, 스마트폰을 사용하지 않아 딴 길로 빠질 염려가 없다. 비싼 다이어리도 필요 없다.

1. 아침에 일어나 오늘 해야 할 일을 종이에 적는다.

2. 잘 보이는 곳에 놓고 수시로 확인하며 할 일을 하나씩 체크한다.

계획한 하루와 그렇지 않은 하루의 차이는 크다. 해야 할 일이 나열된 리스트를 보면 일의 순서가 정해진다. 시각적으로 정리된 리스트는 무엇을 먼저 해야 할지, 다음 할 일은 무엇인지 파악하기 쉽게 해 주며, 시간 관리에 큰 도움이 된다.

투두리스트는 목표 달성에도 도움이 된다. 목표를 하루 단위로 나누어 조금씩 해 나가면 큰 목표도 수월하게 이룰 수 있다. 나는 오랫동안 버킷리스트를 작성하며 목표를 적어 왔는데, 구체적인 실행 방안은 부족했다. 기회가 되면, 시간이 되면 조금씩 하곤 했었다. 목표를 한 달이나 일주일 단위로 나누어 매일의 투두리스트에 적었다. 작은 단위로 나눈 목표는 어렵게 느껴지지 않았다. 매일 작은 단위의 목표를 조금씩 실행하다 보면 생각보다 빨리 달성할 수 있었다. 단순히 해야 할 일만 적은 리스트는 보기만 해도 머리가 아프다. 해야 할 일과 하고 싶은 일을 적절하게 섞어 의미 있고 재미있는 하루로 만들 수 있다.

작성한 리스트를 보려고 굳이 다이어리를 열거나 스마트폰 잠금 화면을 해제할 필요 없이, 쉽게 확인할 수 있도록 뜯어서 사용할 수 있는 메모지를 사용한다. 다이어리나 스마트폰을 열지 않아도 리스트를 수시로 쉽게 확인할 수 있다. 글씨가 예쁘지 않아도, 틀려도 괜찮다. 묶여있는 비싼 다이어리가 아니라서 작성한 투두리스트 중 신경 쓰이는 부분이 있다면 한 장 떼어내면 된다. 메모지의 장점은 하루가 지나면 한 장을 떼어내고 새롭게 시작할 수 있다는 것이다. 노트를 새로 사서 첫 장을 쓸 때가 기분이 좋듯이, 매일 첫 장으로 시작하는 하루는 왠지 기분이 좋다. 전날의 투두리스트를 다 하지 못해도 개의치 않고 새로운 마음으로 시작할 수 있는 메모지가 좋다.

그래도 여전히 다이어리는 잘 사용하고 있다. 다이어리는 스케줄을 기록하고, 확인하는 용도로 사용한다. 한 달이나 일주일 목표를 적어두고, 가끔은 일기를 쓰거나 좋은 문구, 생각들을 적기도 한다. 매일의 투두리스트만 수시로 확인하기 쉽게 메모지로 옮겨왔다. 자주 들여다보고 떠올리면서 실행력을 높일 수 있다.

투두리스트를 손으로 쓰는 이유

디지털 기기보다 손 글씨가 뇌에 좋다는 이야기는 많이 들었다. 연구에 따르면, 디지털 입력보다는 손으로 글씨를 쓰는 것이 뇌의 여러 부분을 자극하고 손가락, 손목, 팔 등 다양한 근육과 신경을 쓰게 된다. 이런 다양한 감각들을 함께 사용하는 운동은 기억력과 학습 능력을 향상하는 데 도움을 준다. 또한, 글씨를 쓸 때 글자의 형태, 크기, 간격 등을 신경 쓰면서 집중력을 향상시킨다. 개인의 글씨체와 스타일을 반영해 창의력을 자극하고 아이디어 발전에도 기여한다.

내가 투두리스트를 손으로 쓰는 이유는 해야 할 일을 잊지 않고 실행하기 위해 작성하는 것이다. 아침에 일어나 일과를 떠올리며 한 글자 한 글자 손으로 적으며, 해야 할 일을 상기시키기 위해서다. 편리한 디지털 기기가 생기면서 손 글씨 쓸 일이 많이 줄어들었다. 하루의 시간을 관리해 주는 투두리스트만큼은 손으로 작성해 보면 어떨까?

왓츠 인 마이 투두리스트

"투두리스트에 뭘 써야 하나요?"

처음 투두리스트를 시작하는 사람들은 무엇을 써야 할지, 얼마나 써야 할지 몰라 고민하는 경우가 많다. 첫 일 주일은 내용보다 투두리스트를 작성해 본다는 자체에 익숙해지는 데 집중하는 것이 좋다. 매일 아침 일어나 오늘의 루틴을 간단히 적어보자.

매일 목표를 세운다고 생각하면 투두리스트 작성이 부담스럽고 숙제처럼 느껴질 것이다. 투두리스트는 하루를 시간 낭비 없이 알차게 보내기 위해서가 아니다. 해야 할 일과 하고 싶은 일을 적절히 나누어 주체적으로 내 인생을 살기 위해서다. '오늘 뭐 했더라?' 하며 하루를 끝내지 않기 위해, 의미 있는 하루를 만들기 위해 작성한다.

투두리스트 4년 차, 매일 어떤 내용을 작성할까?

매일 쓰는 투두리스트
- 알고 있지만 쓰는, 해야 할 일

회사 출근, 학교 수업, 육아, 집안일 등 매일 반복되는 일들은 하루 중 큰 비중을 차지한다. 규칙적인 루틴을 매일 해내는 것만으로도 대단한 일이다. 출근하기, 학교 가기 등과 같은 일들을 단순하게 적을 수도 있지만, 여기에 조금 다른 내용을 추가하면 지루하지 않은 일상이 될 수 있다.

☑ 20분 일찍 나와 커피 한잔 마시고 출근하기

☑ 나를 위한 건강한 점심 챙겨 먹기

☑ 화내지 않고 등원 준비하기

☑ 집안일 30분 안에 끝내기

집안일은 해도 해도 끝이 없지만, 시간을 정해두고 하면 빠르게 끝낼 수 있다. (정한 시간 이후에는 눈 딱 감고 하지 말자) 또, 하루에 한 구역씩 맡아 정리하는 방식으로 계획을 세워보자.

☑ 주방 서랍 한 칸 정리하기

정기적으로 쓰는 투두리스트
- 일주일, 한 달 그리고 회고

☐ 한 달 / 한 주 목표 세우기

매월 1일 아침, 그리고 매주 일요일 아침에 적는 투두리스트다. 한 달 스케줄을 살펴보고 해야 할 일을 적고, 싶다리스트 중 이번 달에 해 보고 싶은 목록 몇 개를 적는다. 한 달 목표를 보고 그에 맞춰 한주 계획을 세운다. 큰 목표는 실행하기 쉽도록 쪼개서 한주 목표에 적는다. 매일 쓰는 투두리스트에 들어갈 내용이 정해지기 때문에 사실 굉장히 중요한 일이다.

☐ 한 달 결산

매월 마지막 날은 한 달 동안 쓴 투두리스트를 모아 사진을 찍는다. 그리고 한 달 동안 내가 어떤 일들을 했는지 주요 내용들을 뽑아 블로그에 기록해 둔다. 한 달이 빠르게 지나간 것 같지만, 매일 투두리스트를 작성하며 성장했음을 확인할 수 있다. 기록된 성과를 보면 스스로에게 자신감이 생기며, 앞으로 나갈 수 있는 에너지가 된다.

성장하기 위한 투두리스트

중요하지만 급하지 않아 계속 미루게 되는 것들이 있다. 독서와 운동이 대표적이다. 적어둬도 가장 미루기 쉬운 리스트이기도 하다. 왜 이렇게 친해지기 어려운지……. 그래서 시작하기 쉽게 간단하게 적어 실행하고 있다.

☑ 10분 독서하기

☑ 1분 플랭크 12일 차

짧은 시간을 설정하면 시작하기가 수월하다. 책을 펼치기까지가 어렵지 막상 읽으면 10분 이상을 읽게 된다. 10분 동안 읽은 내용 중 인상 깊은 구절 한두 가지는 노트에 옮겨 적는 것도 좋다. 짧은 운동을 30일 목표로 잡고 하루씩 카운트해 나가면 목표를 달성하는 재미를 느낄 수 있다.

☑ 물 세 번 마시기

하루 종일 물 한 잔도 마시지 않는 날도 있다. 의식적으로 마시기 위해 동그라미를 그려 두고, 생각날 때 한 잔씩 마시면서 체크한다.

버킷리스트를 위한 투두리스트
- 내 꿈을 위한 리스트

내 꿈을 위한 투두리스트 작성하기. 투두리스트를 지속해서 이어나가는 이유이기도 하다. 우리는 해야 할 일이 많아서 하고 싶은 일을 못 하고는 한다. 그러나 막상 여유시간이 주어지면 그 시간을 흘려보내곤 한다. 내 버킷리스트를 위해 매일 조금씩 행동한다면 그 꿈에 가까워져 결국 이룰 수 있게 된다.

☑ 스피치 강의 듣기 (100명 앞에서 강의하기 위한 연습)

- -

☑ 스쿼트 100개 (예쁜 청바지 핏을 위한 운동)

- -

☑ 블로그 글쓰기 (책 출판을 위한 글쓰기 연습)

- -

싶다리스트를 위한 투두리스트

가고 싶은 곳, 보고 싶은 영화, 시간 나면 하고 싶은 것들을 적어
둔다. 그리고 투두리스트에 하나씩 넣어 실행해 본다. 일상에서
할 수 있는 소소한 것들이며 행복하게 만드는 리스트들이다.

☑ 혼자 노래방 가기		☑ 북 카페 방문하기
☑ 영화관 가기		☑ 나에게 꽃 선물하기

나의 하루를 위한 한마디
- 긍정 확언 한마디

투두리스트 종이 아래에 빈칸이 있다. 나를 위한, 내 하루를 위
한 긍정 확언을 적기 위해 만든 여백이다. 파이팅을 외치는 한
마디, 일상에 감사하는 한마디, 책에서 읽은 좋은 구절 한마디,
위로의 말, 칭찬의 한마디 등을 적어 본다. 투두리스트를 작성
한 후 긍정적인 에너지로 하루를 시작할 수 있게 만들어 준다.

☑ 즐거운 월요일 아침, 뭐든지 할 수 있는 하루!

☑ 잘했고, 잘하고 있고, 잘할 거야!

☑ 나는 누군가의 희망이고, 자랑이고, 꿈이다

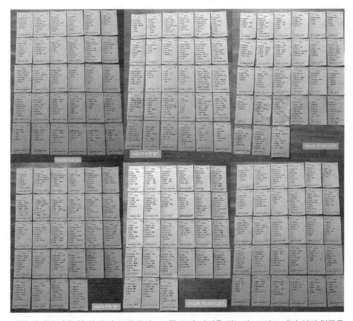

매월 마지막 날은 한 달 동안 쓴 투두리스트를 모아 사진을 찍는다. 그리고 내가 어떤 일들을 했는지 돌아본다. 기록된 성과를 보면 스스로에게 자신감이 생기고, 앞으로 나갈 수 있는 에너지가 된다.

투두리스트 체크하는 방법

작성하는 방법에 따라 달라지는 실행력

투두리스트는 해야 할 일을 나열하고, 그것을 하나씩 실행하기 위해 작성한다. 중요한 것은 하루 안에 감당할 수 있을 정도의 적당한 양으로, 체크할 수 있도록 쉽게 작성하는 것이다. 어떻게 쓰냐에 따라 실행 여부가 달라질 수 있다. 목표 설정과 시간 관리를 돕는 SMART 기법을 참고해 투두리스트를 작성해 보자.

- **Specific**(구체적): 리스트는 명확하고 구체적이어야 한다. 해야 할 일을 명확하게 적는 것이 중요하다.

  Ex) 운동하기 → 월, 수, 금 요가 수업, 10분 조깅하기
  독서하기 →《실행하는 비법》 읽기
  영어 공부하기 → 영어 회화 3강 듣기

- **Measurable**(측정할 수 있는): 성과를 측정할 수 있도록 설정한다. 완료 여부를 판단할 수 있는 기준을 정하자. 수량, 횟수, 기간 등의 숫자를 넣어 투두리스트를 작성하자.

  Ex) 운동하기 → 줄넘기 500개, 계단 15층 오르기 1회, 스쿼트 100개
  영어 공부 → 영어 29일 차 외우기, 영어 섀도잉 2페이지
  글쓰기 → 1시간 글쓰기, 블로그 포스팅 하나, 10분 생각 정리

- **Achievable**(달성할 수 있는): 목표는 달성할 수 있어야 한다. 목표를 너무 크게 설정하지 말고, 실현할 수 있는 목표를 적어 즉시 행동할 수 있도록 한다. 조금씩 성취해 나가면 큰 목표도 결국 달성할 수 있다.

  Ex) 독서 한 시간 → 10분 독서, 책 펼쳐보기
  매일 블로그 글쓰기 → 화, 목 블로그 글쓰기

- **Relevant**(관련성): 목표는 개인의 장기적인 목표나 가치와 연결되어야 한다. 단기적으로 매일 해야 할 일만 나열해서는 의미가 없다. 인생의 장기적인 목표나 가치에 연결될 수 있도록 해야 한다. 주기적으로 목표를 업데이트하고 매일의 투두리스트에 반영하자.

- **Time-bound**(기한 설정): 목표 달성을 위한 마감 기한을 설정한다. 특정 날짜나 시간을 정해두면 집중력이 높아진다. 마감 시간을 정하면 오늘 해야 할 일의 기준이 생긴다.

  Ex) 목요일까지 10강 완료하기, 14시 전에 메일 발송 완료하기, 12/4까지 준비 완료

효과적으로 실행하는 방법

투두리스트를 작성한 후 효과적으로 실행하기 위한 여러 가지 방법이 있다. 아래의 팁을 활용하면 조금 더 체계적으로 리스트를 실행할 수 있다.

첫째, 우선순위를 정한다. 보통 하루에 8~10개의 항목을 작성한다. 그중에는 꼭 해야 하는 중요한 일과 그렇지 않은 일이 섞여 있다. 쉬운 일부터 하고 싶은 사람 마음에 정작 중요한 일은 뒤로 미루기 쉽다. 리스트에 중요 표시를 하자. 오늘 꼭 해야 하는 일이나 빨리 끝내야 할 일에는 별표 표시를 해 두자. 가능한 이 리스트는 에너지가 넘치는 오전 중에 끝낼 수 있도록 한다. 중요도를 표시하는 것만으로도 어떤 일을 먼저 해야 할지 눈에 보여 효과적이다. 리스트에 숫자를 매겨 우선순위를 정할 수도 있다. 해야 할 일이 많아서 뭐부터 해야 할지 모르겠다면 '시간 관리 매트릭스'를 활용해 보자. 중요도과 긴급성을 기준으로 네 가지 범주로 작업을 분류한다.

급하면서 중요한 일	중요하지만 급하지 않은 일
- 즉시 처리 한다 - 오전 중에 처리 한다 □ 오늘 마감 프로젝트　□ 업무 미팅 □ 병원 진료	- 계획하고 시간을 내서 처리한다 - 주로 장기적인 목표로 작게 나누어 작성한다 □ 운동　　□ 독서　　□ 버킷리스트 □ 자기 계발　　　□ 가족과의 시간
- 위임한다 - 시간을 정해 빠르게 처리한다 - 곤란한 경우 NO!라고 말한다 □ 집안일　□ 타인의 요구　□ 요리하기	- 시간을 정해두고 즐긴다 - 보상의 시간으로 만든다 □ SNS　　　　□ 웹서핑 □ TV, 유튜브 시청　□ 뉴스 보기
급하지만 중요하지 않은 일	중요하지 않고 급하지도 않은 일

시간 관리 매트릭스에 따라 시간을 나누면 균형 있는 투두리스트를 작성할 수 있다.

작성자나 상황에 따라 우선순위는 달라질 수 있다. 중요하지 않은 일도 필요할 수 있다. 투두리스트에는 균형 있게 들어가는 것이 좋고 적절한 시간 분배를 하는 것이 중요하다.

두 번째, 각 항목에 대한 실행 시간을 정한다. 중요하지만 긴급하지 않아 미루게 되는 일에는 시간을 정해두는 게 실행하는 데 효과적이다. 매일 아침 7시 독서 20분, 저녁 식사 후 20분 산책 등으로 구체적인 시간을 지정해 둔다. 시간이 많이 필요한 중요한 일(예: 아이디어 구상, 글쓰기 등)은 시간을 나누어 적는다. 하루의 시간을 고려해 투자할 수 있는 시간을 계산한 후, 글쓰기 2시간을 두 개로 나누어 '글쓰기 1시간'을 두 번 적는 것도 집중할 수 있는 방법이다.

세 번째, 작은 단위로 나누어서 작성한다. 여러 단계가 필요한 일들은 작은 단위로 나누어 작성하면 실행이 쉬워진다. 예를 들어, 유튜브 올리는 작업에는 대본 작성, 영상 촬영, 편집, 섬네일 제작 등 각 단계를 나누어 적으면 더 수월하게 진행할 수 있다.

네 번째, 정기적으로 점검하는 시간을 갖는다. 한 달에 한 번, 일주일에 한 번은 계획하고 돌아보는 시간을 가져보자. 하루의 일정이 내가 나아가고 있는 방향과 맞는지, 너무 무리하거나 게으르지 않았는지 점검하고 수정해 나가자. 완료된 항목들을 돌아보며 자신을 칭찬해 주면 동기부여가 된다.

투두리스트를 해야 하는 일이라 생각하지 말고, 내 인생을 원하는 방향대로 이끌어줄 도구라고 생각해 보자. 투두리스트는 시간의 효율성을 높이는 데 중요한 도구이다.

J가 아닌 P도 할 수 있을까?

J는 계획적, P는 무계획적이라고?

"목표를 세우고 하나씩 실행해 나가는 건 J들이나 가능한 거 아냐?"

4년 넘게 투두리스트를 작성하고 하나씩 실행해 나가는 걸 보고, 사람들은 내가 당연히 준비성과 계획성이 철저한 J(계획형)인 줄 안다. 하지만 나는 학창 시절부터 지금까지 MBTI 검사에서 변함없이 P(인식형)가 월등히 높게 나왔다. 어수선한 책상 위를 봐도, 여행 출발 하루 전 짐 싸기 시작하는 걸 봐도 나는 P가 확실하다. 그런데 잘못 생각하고 있는 부분이 있다. P는 게으르고 계획적이지 않다는 것. 계획적이지 않지만 무계획은 아니다. P도 장기적인 목표를 설정하고, 그 목표를 향해 다양한 방법을 찾아본다. 다만 그 목표에 도달하는 과정이 자유롭고 덜 구조적일 뿐이다. 상황에 따라 계획을 조정하고 수정하는 데 스트레스받지 않고, 새로운 상황을 유연하게 받아들인다. 80%에 가까운 인식형인 나는, 생각보다 투두리스트와 잘 맞는다는 것을 알게 되었다. 게으르고, 생각 많고, 복잡한 거 싫어하는 성격인데 투두리스트는 단순하다. 간단하게 시간 관리가 가능하다. 그날의 컨디션과 기분에 따라 때로는 조금 넘치게 투두리스트를 작성하고, 할 수 있는 만큼 실천한다. 목록을 작성했다는 사실을 인식하고 자주 들여다보면 생각보다 더 많은 걸 해낼 수 있다는 걸 깨달았다. 적은 내용을 다 하지 못해도, 전혀 다른 일을 하게 되더라도 개의치 않는다. 중요한 건, 매일 목표를 적어보는 자체가 내 삶의 방향을 잡아주는 데 도움이 된다는 것이다.

매년 버킷리스트를 써왔는데 투두리스트를 쓰면서 목표들이 하나둘씩 빠르게 이루어지는 걸 느꼈다. 실행력이 부족하고 유연한 성격이라 미뤄왔던 일이 많았는데, 이제는 매일 조금씩 원하는 방향으로 움직이고 있다. 게으르고 느린 단점을 투두리스트가 보완해 주고 있다. 여전히 느리고, 미루면서 '그럴 수도 있지 뭐'라고 생각하긴 하지만 그래왔기 때문에 4년 넘게 투두리스트를 쓸 수 있는 게 아닌가 싶다.

그렇다면 계획형인 사람은 투두리스트를 잘 쓸까? 투두리스트 모임을 운영하면서, 의외로 계획적인 J들이 지속해서 쓰기 어려워하는 경우를 많이 봤다. 그날 적은 일들을 다 해내지 못하면 J들은 스트레스를 받기 때문이다. 전날 못한 걸 펴놓고 먼저 하는 사람도 있었는데 하다 보면 매일 밀린 숙제를 하는 기분이 들어 결국 투두리스트 쓰는 걸 포기한다. P와 다르게 J는 할 수 있을 만큼만 쓰는 것이 좋다. 물론 대부분의 J들은 투두리스트를 잘 쓰고, 잘 실행하는 편이라 걱정할 필요는 없다.

확신의 J인 남편은 카페에서 일할 때 투두리스트를 쓴다. 해야 할 일을 적고 일을 시작하다 보면 쉴 틈이 없다. 잠시 쉬면 투두리스트가 째려보는 것 같아 빨리해야 할 것 같다고 쉴 수가 없단다. J와 P는 투두리스트 쓰는 방법이 달라야 한다. J는 현실적으로 할 수 있는 만큼 적는 것이 좋고, P는 조금 넘치게 적어도 된다.

모든 성격에는 장단점이 있다. '나는 P니까 계획 세우는 건 못해'라는 생각 말고 일단 해 보자. 한 달 여행 가는 짐을 이틀 전에 싸는 나도 4년째 투두리스트를 쓰고 매일 성장하고 있으니 말이다.

MBTI 유형별 투두리스트 쓰는 방법

한동안 AI가 SNS를 분석해 주는 서비스가 인기를 끌었다. 그런데 결과를 보고 충격을 받았다.

"매일 하고 싶은 것을 적고, 그걸 다 이루지 못하면 '그럴 수 있지 뭐'라고 넘기는 당신의 유연함은 칭찬할 만하지만, 그게 진짜 유연함인지 아니면 그냥 귀찮아서 포기하는 건지 헷갈리네요."

팩폭(팩트 폭력. 반박할 수 없는 팩트로 심리적인 타격을 준다는 뜻) 당했다. 너무 맞는 말이라 반박할 수 없었다. 가끔 진짜 할 수 없는 상황도 있었다고 슬쩍 반박해 보지만, 사실 못한 대부분의 일들은 '오늘 당장 안 해도 되잖아? 그럴 수도 있지 뭐'라고 귀찮음을 핑계 삼아 포기한 것들이다. 모두가 그렇다고 할 수 없지만 J보다는 P에게서 많이 나타날 것이다.

하지만 중요한 건, 투두리스트를 쓰지 않았을 때보다 썼을 때 확실히 도움이 된다는 것이다. 몇 가지 장치를 마련하면 P도 조금 더 적극적으로 움직일 수 있다. 내가 이용하는 방법 중 하나는 투두리스트를 공유하고 선언하는 방법이다. 투두리스트 모임 '투두플랜'에 매일 아침 투두리스트를 공유하면서 오늘 할 일을 선언한다.

그리고 다음 날 아침, 전날의 투두리스트와 오늘의 투두리스트를 함께 찍어서 올린다. 사실 누가 했는지 안 했는지 체크하지 않지만, 공유한다는 자체만으로 의식이 생겨서 조금 더 실천하게 된다. 만들고 싶은 습관이 있다면 모임 방에 어떤 습관을 며칠 동안 어떻게 할지 선언하고 인증하는 것도 효과적이다. 선언한 습관은 며칠이 지난 후 아무도 모르게 사라지기도 하지만 괜찮다. 안 한 것보다 낫고, 한만큼은 이득이다.

MBTI 유형별로 투두리스트 작성하는 방법을 알아보자. P유형은 유연하고 즉흥적인 성향이 강하므로 자유롭게 작성하는 것이 좋다. 싫다리스트와 한 달 목표를 적어두고 그날의 기분이나 상황에 맞춰 투두리스트에 필요한 일을 적는다. 너무 많은 할 일이 나열된 종이를 보면 답답해질 수 있다. 하나씩 게임처럼 해 나간다고 생각하고 체크할 수 있게, 하기 쉽게 작성해 보자.

예를 들어 '책 30분 읽기' 대신 '책 펼쳐보기'라고 적는다. 막상 펼친 후 잘 읽게 될 때가 많다. 중요한 일을 먼저 처리하고, 내가 좋아하는 일을 할 수 있는 보상 리스트를 하나씩 넣어도 좋다. 아침에 작성한 리스트가 상황에 따라 수정될 수 있다. 오늘 못하면 내일 하면 되지만, 유연함이 지나치면 중요한 일을 놓치거나 미루게 될 수 있으니 우선순위를 정하고 마감 기한을 설정하는 것이 필요하다.

J유형은 리스트에 구체적인 세부 사항을 적고 해야 할 일의 정확한 시간이나 우선순위를 매기는 방식이 효과적이다. 소요

시간을 예상해 계획적으로 진행할 수 있게 하자. 너무 많은 일을 적기보다는 할 수 있는 만큼만 적어서 부담을 줄이는 것이 중요하다. 전날 하지 못한 리스트는 잊고, 새로운 하루 계획에 맞춰 다시 적는다.

외향형인 E 유형은 사교적인 성향이 강하므로, 커뮤니티를 통해 소통하면서 투두리스트를 작성하면 효과적이다. 서로의 진행 상황을 확인하고 격려하며 동기부여를 높이는 방식이 좋다. 다만, 외부 활동이나 소통으로 인해 개인적인 일을 미룰 수 있어서, 개인 일정 시간을 확보하는 것도 중요하다.

내향형인 I는 개인적인 시간과 자기성찰의 시간이 중요하다. 하루에 한 시간 정도 혼자만의 시간으로 충전하고 사색하는 시간을 넣어보자. 그래도 가끔은 사회적인 활동이나 외부 모임에 참여해 소통해 보는 것도 필요하다. 컨디션이 좋은 날에는 새로운 활동에 도전해 보는 것도 추천한다.

MBTI 유형에 따라 투두리스트를 쓰는 방식을 재미로 알아봤다. 중요한 것은 나만의 방식을 찾는 것이다. 개개인의 성격이 달라서 투두리스트를 계속 쓰면서 나에게 맞는 방법을 찾아보는 것이 정답이다. 내가 좋아하는 일, 내 성향에 맞는 일에만 집중하기보다는, 다른 유형의 강점을 배워 나만의 방식에도 적용 해 보자. 그리고 가끔은 익숙하지 않은 '안 해 본 리스트'를 넣어 새로운 아이디어를 자극해 보자. 그 과정에서 내가 몰랐던 새로운 나를 발견하게 될 수도 있을 것이다.

쓰다 보면 찾아오는 날들

너무나도 중요한 '그럴 수도 있지 뭐'

정신 차리고 보니 세 시간이 훌쩍 지나갔다. '딱 10분만 쉬자'고 했는데 이렇게 길어질 줄이야. 소중한 휴무 날, 이런저런 할 일들을 생각해 뒀는데 몸이 너무 피곤하다. 잠깐만 쉬자고 누웠는데 오전 시간을 날려버렸다. 차라리 잠이나 잤으면 좋았을걸. 누워서 뒹굴뒹굴하며 SNS를 하다 보니 시간이 금세 사라져버렸다. 매번 시간이 아깝다며 후회하지만, 그럼에도 종종 반복되는 일이다. 점심시간이 되어서야 겨우 씻고 자리에 앉아 투두리스트를 적어본다. 그리고 자기합리화를 시작한다. '잘 쉬었으면 됐지 뭐, 가끔 이런 날도 필요해' 그렇지 않아도 그렇다고 생각하면 그렇게 된다. 난 잘 쉬었으니 이제 밀린 일들을 하나씩 해나가면 된다. 하루를 늦게 시작하면서 할 수 있는 리스트는 많지 않지만, 늦게 시작한 만큼 집중해서 하면 된다.

"그럴 수도 있지 뭐."

4년 동안 투두리스트를 써 오면서 깨달은 것은, 지속하기 위해서는 이 마인드가 정말 중요하다는 것이다. 매일 완벽하게 살수는 없다. 예정되지 않은 급한 일이 생겨서, 계획했던 일을 못하게 될 때가 있다. 그럴 수 있다. 우리 인생은 언제나 예상치 못한 일들의 연속이니까. 그렇다고 해서 열심히 살지 않은 하루가 아니다. 우린 최선을 다했고 다른 중요한 일을 해냈을 테니까. 컨디션이 좋지 않아 계획했던 일을 못 하게 될 수 있다. 그럴 수 있다. 예상하고 아픈 건 아니니까. 몸과 마음을 돌보는 일이 우선이다. 무리한 상태에서 일을 밀어붙여 봤자 영양가 없는 체크가 될 것이다. 게으름을 이기지 못하는 날도 있다. 역시 그럴 수 있다. 단순한 재미와 편함을 찾는 건 본능이니까. 가끔은 게으름을 즐기는 것도 필요하다. 몸의 긴장을 풀고 다시 재충전하는 시간이 될 수 있다. 여러 가지 이유로 투두리스트를 다 해내지 못했을 때는 '그럴 수도 있지 뭐'라고 생각해 보자. 다시 새로운 종이에 하루를 시작하면 된다. 절대 어제 썼던 투두리스트를 펴놓고 못한 일을 체크하지 말자. 할 일들이 쌓이면 투두리스트는 스트레스가 되고, 결국 놓아버리게 된다. 지나간 어제는 잊고, 오늘을 새롭게 시작하자. 그럴 수도 있다.

꼭 해야 하는 일이 집중되지 않을 때

오늘 반드시 끝내야 하는 일이 있는데, 도저히 집중이 되지 않는다면 어떻게 할까? 마감시간이 다가오면 초인적인 힘이 생기기 마련인데, 왜인지 좀처럼 진도가 나가지 않는다. 이럴 땐 투두리스트를 다시 작성해보자. 미룰 수 있는 자잘한 일들을 전부 빼고 중요한 일을 더 세부적으로 나눈다. 보고서를 써야 하는 일이라면, '표지 디자인, 목차 수정, 1-3 자료 검색, 2-5 문구 작성' 구체적인 단계를 나누고 각 단계를 완료하는 데 필요한 시간을 적어본다. 눈앞에 타이머를 두고 시간에 맞춰 끝내도록 한다. 마치 거대 괴물을 물리치는 게임처럼 하나씩 깨뜨리면 된다. 각 파트가 끝날 때마다 잠깐씩 쉬어가는 것도 잊지 말자. 또 다른 방법이 있다. 마감시간이 다가오는데 글이 잘 써지지 않을 때 종종 이용하는 방법이다. 잘 보이는 곳에 비장함을 곁들여 다짐을 적어둔다. 나는 오늘 반드시 이 글을 마무리한다. 마감을 미룬다는 이야기는 절대 하지 않는다. 지금 내가 할 일은 중요한 이 글을 마무리하는 것이고, 나는 반드시 해낼 것이다' 이렇게 적어두고, 딴 생각이 들 때마다 들여다보면서 집중력을 되찾는다. 생각보다 꽤 효과적이다. 물론, 오늘 하지 않으면 안되는 일이 아니라면 너무 스트레스 받지 말고 30분 정도 다른 일을 하거나 휴식을 취한 뒤 집중해 보자.

무기력함이 나를 지배할 때

한창 열심히 살다가도 주기적으로 무기력이 찾아온다. 바쁘게 살다 지쳐서 번아웃이 오기도 하고, 때로는 현실과 꿈의 괴리감 때문에 찾아오기도 한다. 때로는 아무 이유 없이 어느 날 문득 갑자기 찾아오기도 한다. 쉬고 싶고, 눕고 싶고, 가만히 있고 싶다. 아무것도 하고 싶지 않다. '이거 해서 뭐 하겠어' 모든 것이 무의미하게 느껴진다. 뭘 해야할지 모르는 날에는 투두리스트에 이렇게 적어보자.

☑ 아무것도 하지 않기

☑ 오후 2시까지 게으름 피우기

☑ 한 시간 동안 내 마음대로 쉬기

쉬는 것도 계획해서 쉬어야 할까? 군이 투두리스트에 적어야 할까? 오늘은 쉬어야겠다고 생각하지만, 오후쯤 되면 '그래도 뭐라도 해야지' 하면서 청소나 밀린 일들도 하게 된다. 그럼 쉰 것도 안 쉰 것도 아닌 하루가 되어 제대로 풀리지 않는다. 투두리스트에 오늘은 쉬기로 선언하고 죄책감 없이 제대로 쉬어 보자.

평소와 다른 활동을 넣어봐도 좋다

☑ 내가 좋아하는 노래 듣기

☑ 안 하던 일 해보기

☑ 싶다리스트 한 개 실행하기

평소에 기분 좋아지는 활동들을 몇 가지 정해두면 좋다. '나는 감기 걸렸을 때 오렌지주스를 먹으면 괜찮아지더라.' '숲속 산책하는 발걸음 소리를 들으면 마음이 차분해져.' '왠지 꿀꿀한 아침엔 따뜻한 라테를 먹으면 기분이 좋아져'와 같이 내가 좋아하는 것들이 정말 내 기분을 움직일 수 있다는 걸 알아두자. 없다면 새로운 걸 만들어보자. 평소 해보지 않은 일들을 해봐도 좋다. 달리기를 하거나 낯선 장소에 가보거나, 아나운서처럼 또박또박 책을 읽어봐도 좋다. 아무것도 하기 싫은 날에는 루틴은 잠시 접어두고 싶다리스트 중 하나를 실행해 보자. 몸이 피곤하면 마사지를 받으러 가고, 기분이 꿀꿀하면 혼자 코인노래방에 가거나, 가고 싶던 장소에 가 보는 것도 좋은 방법이다. 일상을 벗어나 새로운 활력을 충전하는 시간을 가져보자.

정말 무기력함에 아무것도 하고 싶지 않다면, 일단 며칠간은 모든 것을 내려놓고 쉬어 보자. 가끔은 아무 생각 없이 시간을 보내는 것도 필요하다. 비워내야 다시 채울 수 있다. 일단 체력을 회복할 때까지 푹 자고, 필요한 최소한의 일들만 하고 쉰다. 무기력함은 누구에게나 찾아올 수 있다. 나에게 무기력이 찾아왔음을 인정하고, 지금은 힘든 시간이지만 반드시 잘 이겨낼 거라는 생각을 가지며 푹 쉬자. 잘 쉬면 다시 움직이고 싶은 때가 온다. 새로운 환경을 위해 집 정리를 하고 가구 배치를 바꿔보는 것도 좋다. 새로운 환경 세팅은 새로운 시작을 할 수 있게끔 도와준다. 하고 싶은 일이 무엇인지 고민된다면, 다시 한 번 새로운 마음으로 '싶다리스트'를 작성 해 보자. 지난 투두리스트를 돌아보며 내가 해낸 것들을 확인하는 것도 도움이 된다.

'왠지 꿀꿀한 아침엔 따뜻한 라테를 먹으면 기분이 좋아져' 내가 그렇다고 생각하면 실제 그렇게 된다. 좋아하는 라테를 마시며 투두리스트를 작성한다. 어렵지 않은 일들로 계획을 세우고, 기분이 가라 앉지 않게 조금은 움직이는 단순한 활동을 하며 하루를 보내기로 한다. 아침의 기분이 하루를 바꾸고, 하루의 기분이 결국 내 인생을 바꾼다. 평소 내가 좋아하는 것들을 알아두면, 힘든 순간에도 마음을 다스릴 수 있다.

습관을 만드는 열 가지 방법

습관을 이어가는 첫 번째 방법

"난 왜 이렇게 끈기가 없지?"

다이어리에 붙은 습관 트래커를 보며 친구가 말했다. 습관 트래커는 한 가지 목표를 정하고 그 진행사항을 기록하는 용지이다. 많은 사람들이 새로운 습관을 일상으로 만들기 위해 많이 사용하고 있다. 친구는 30일로 만들어진 습관 트래커에 실행한 날과 하지 못한 날을 체크하고 있었다. 가끔 빈 날도 있었지만 매일 꾸준히 잘 해내고 있었다. 그런데 왜 잘 못하는 것처럼 보일까?

처음엔 나도 습관 트래커를 사용했다. 그런데 자꾸 하기가 싫어진다. 가만히 들여다보니 문제점이 발견되었다. 오히려 그만두기 쉽게 만들어진 양식이라는 생각이 들었다. 보통의 습관 트래커는 30일로 되어 있어 1일부터 시작해서 한 달을 채워 나가는 방식이다. 처음 며칠은 의욕에 불타올라 동그라미들로 채워가지만, 하루라도 빼먹기 시작하면 그날 이후로 비는 날이 많아지고, 비는 날이 많아질수록 '이번 달은 실패했다'는 생각이 들어 중간에 그만두게 된다. 그리고 다시 1일부터 시작하지만, 또 같은 상황이 반복된다. 그래서 방법을 바꾸기로 했다.

☐ 습관을 실행한 날만 체크하자!

습관 트래커 맨 위해 목표를 작성한다. 아래쪽엔 이 습관을 만들어 가는 이유와, 성공했을 때의 효과를 적어두자. 목표에 달성했을 때의 나를 위한 작은 보상도 함께 적어보자.

Ex) 스쿼트 100번 100일
- 물렁살 허벅지를 단단하게 만들자!
- 완료 시 예쁜 청바지 사기
- 10월 31일까지 완료하기(120일 중 100일 성공하기)

그런 다음, 습관 트래커에는 내가 실행한 날만 기록한다. 중요한 것은 못한 날보다 해낸 날에 집중하는 것이다. 해낸 날이 계속 보이면, 그 뿌듯함으로 계속 이어 나갈 수 있다. 처음 새로운 습관을 만들 때는 매일 해내기 어려운 것은 당연하다. 가끔 잊어버리기도 하고, 부득이하게 하지 못하는 날도 있을 것이다. 하루 빠지면 그만두지 말고, 다음 날 다시 이어가면 된다. 목표 날짜를 조금 넉넉하게 잡는 것도 좋은 방법이다. 100일 챌린지라면 4개월을 목표로 잡아 부담을 덜어주고, 하루 쉬어도 목표 날짜까지 끝낼 수 있도록 한다. 내가 해낸 날들만 눈에 보이고, 그로 인해 계속해서 습관을 이어가고 싶은 동기를 얻게 된다. '습관 트래커' 말고 'DID IT(해냈다) TRACKER'를 이용하자!

이 방식으로 하루 스쿼트 100번 100일 완료, 엄마표 영어 외우기 100일 3번 반복 완료, 100일 블로그 글쓰기 완료, 새벽 기상, 얼굴 팩하기, 물건 비우기, 1분 플랭크 등 다양한 습관을 목표한대로 해낼 수 있었다. 중요한 것은 마음 먹은 날이 1일이라는 것! 해낸 날들을 보며 이어 나가야 한다는 것이다.

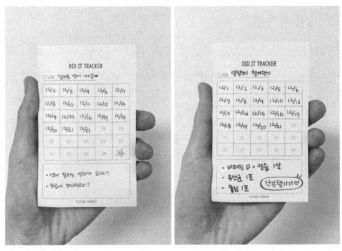

중요한 것은 못 한 날보다 해낸 날에 집중하는 것이다. 해낸 날이 계속 쌓이면, 그 뿌듯함으로 계속 습관을 이어갈 수 있다. 'DID IT TRACKER'로 해낸 날에 집중하면 습관을 이어가고 싶은 동기를 얻는다.

습관 만드는 아홉 가지 방법

☐ 투두리스트 작성하기

습관 만드는 첫 번째 방법은 '기억하기'다. 습관을 이어가지 못하는 이유는 여러 가지가 있지만 가장 큰 이유는 익숙하지 않아 잊어버리기 때문이다. 하루를 마치고 잠자리에 누워 눈을 감으면 생각난다. '아! 맞다 오늘 계단 오르기 안 했다!' '오늘 독서 인증 깜빡했다!' 투두리스트에 습관을 적고, 체크해 보자.

☐ 습관 목적 설정

매년 영어 공부가 목표지만 안 하게 되는 이유는 뭘까? 해도 그만, 안 해도 그만, 목적이 없이 때문이다. 영어 공부하고 싶은 이유를 구체적으로 생각해 보자.

- 내년에 가족 미국 여행 가서 아이들 앞에서 영어로 자신 있게 말하고 싶다.
- 외국인 손님이 많이 오는 우리 카페, 영어로 스몰 토크 하고 싶다.

☐ 환경 만들기

무언가 바꾸고 싶고, 잘하고 싶으면 주변 환경부터 바꾸라고 한다. 주변 사람일 수도 있고, 환경일 수도 있고, 정체성을 바꾸기 위해 노력해도 좋다. 집중해서 글 쓰는 습관을 만들기 위해 거실에 책상을 두고, 앞에 높은 책장을 두어 독서실처럼 만들었다. 나는 글 쓰는 사람이라고 인식하며, 함께 글 쓰는 모임에 들어갔다. 습관을 만들기 쉬운 환경을 세팅하자.

☐ 공개 선언의 효과 이용하기

공개 선언의 효과란 목표를 공개적으로 선언하거나 약속하면 그 약속을 지키기 위해 최선을 다하는 현상을 말한다. 내가 어떤 목표를 세우고 그것을 사람들에게 말하면, 그 목표를 실천하지 않으면 안되는 상황에 놓이게 된다. 해내지 못할까 봐 말하기 두렵지만, 정말 해내고 싶다면 말해보자. 중요한 것은 부정적인 이야기는 듣지 않게, 되도록 나를 응원해 주는 사람에게 알리는 것이다.

말하면서 그 말을 가장 많이 듣게 되는 사람은 바로 나 자신이다. 내가 듣기 위해, 스스로에게 다짐하기 위해 선언해 보자. 그리고 '하고 있음', '해야 함'을 계속 인지하자. 내가 자주 사용하는 방법이다.

☐ 함께하기

함께하는 힘은 대단하다. 나와 비슷한 목표를 가진 사람들과 함께하는 것은 그 자체로 동기부여가 된다. 나와 목적이 맞는 곳을 찾아 함께 해 보자. 공동체에 소속되는 순간 나의 목표는 공동의 목표가 된다. 목표를 향해 가는 정체성도 강화되어 습관을 장기적으로 지속하기 쉬워진다. 관련된 정보를 공유하고, 어려움을 나누며 서로를 응원하다 보면 습관은 자연스럽게 만들어진다. SNS에 기록을 꾸준히 이어가기 위해 꿈블(꿈꾸는 블로거) 모임에 들어가 3년째 활동 중이다. 이 모임에서는 개인의 성장을 응원하며, 다양한 방법으로 소통하고 정보를 나눈다. SNS를 하다 보면 지치는 때가 한번씩 오는데(블로그에선 블태기, 인스타그램에선 인태기라고 부른다) 함께하는 분들 덕분에 그 시기를 극복하고 지속적으로 이어갈 수 있었다.

☐ 돈기부여

일정 금액을 내는 습관 챌린지에 참여하거나 유료 강의를 듣거나, 학원에 등록해 보자. 돈을 내는 것만큼 강한 동기부여가 없다. 여러 가지 챌린지에 참여해 보고 직접 모임을 만들어 보면서 느낀 건 무료로 진행되는 것보다 유료 챌린지나 돈을 내야 하는 프로그램의 참여도가 훨씬 높다는 것이다. 지키기 못할 경우 벌금을 내는 챌린지에 참여하는 것도 도움이 된다.

☐ SNS에 인증하기

습관 만드는 과정을 SNS에 인증하는 것도 좋은 동기부여가 된다. 단순히 과정을 나열하는 것만 하지 말고, 내가 되고 싶은 이미지를 만들어보자. '나는 이걸 매일 하는 사람이야, 이걸 잘하는 사람이야'를 알려보자. 습관을 만들어가며 느낀 점, 배운 점, 변화한 점을 함께 공유하면서 나만의 방식으로 기록해 보자. 나는 투두리스트를 매일 써서 올렸고, 그것을 통해 커뮤니티를 만들었으며, 투두리스트를 소재로 책도 쓰게 되었다.

☐ 단계적으로 늘려가기

나에게 익숙하지 않은 습관을 100일 목표로 시작하면 어렵다. '14일의 기적'처럼 작은 목표부터 시작하는 것이 좋다. 처음엔 2주만 목표로 잡고, 2주를 성공하면 한 달로 늘려보자. 그 후 50일, 100일로 점차 목표를 높여가면 습관이 내 일상에 자리잡게 된다. 조금씩 성공을 경험하며 자신감을 얻고, 큰 목표로 나갈 수 있다. 정말 만들기 어려웠던 새벽 기상 습관은 30분씩, 일주일에 2~3번으로 늘려서 만들 수 있었다.

☐ 습관 묶기

잘 만들어진 습관에 새로운 습관을 이어가는 방법이다. 홈트레이닝 후 바로 물 마시기, 물 마시면서 영양제 먹기, 일어나자마자 투두리스트 작성하기. 이렇게 습관을 묶으면 새로운 습관을 만드는 과정이 더 쉬워지고, 한 번에 여러 가지 습관을 효과적으로 만들 수 있다.

함께하는 힘은 크다. 투두리스트 모임 '투두플랜'에서는 매일 아침 투두리스트를 인증한다.
좋은 습관을 만들고 선언하며 서로를 응원해 준다.

NOT TO DO LIST

"시간을 잡아먹는 도둑이 내 손안에 있었다!"

매일 투두리스트를 작성하면서 해야 할 일들과 하고 싶은 일들을 하나씩 실천해 나가는 재미가 붙었다. 체크된 목록을 보면 하루가 뿌듯하고, 더 많은 일을 해내고 싶어졌다. 그런데 하루 24시간은 너무 짧다. 아무것도 안 하는 시간은 없는 것 같은데, 왜 이렇게 맨날 시간이 부족한 걸까?

하루를 분석해 봤다. 내 하루가 어떻게 사용되고 있는지, 24시간을 놓고 시간대별로 어떤 일을 했는지 기록했다. 시간 관리가 필요한 사람이라면 특별하지 않은 보통의 날로 하루 이틀만 기록해 보자. 너무 세세하게 적지 않아도 된다. 의식하다 보면 평소와 다를 것 같아서 오전 시간을 다 보내고 시간을 기록하고, 오후 시간을 보내고 나서 또 기억을 더듬어 기록했다. 그러고 나서 발견한 충격적인 내 시간 도둑들.

"지금 TO DO LIST보다 중요한 건
NOT TO DO LIST구나!"

나름 시간을 잘 보내고 있다고 생각했는데, 중간중간 샛길로 물 흐르듯 자연스럽게 엉뚱한 길로 빠졌다. 그런 시간을 모아 보니 족히 두 시간은 되는 것 같았다. 이래서 매일 시간이 부족했구나. 시간 낭비라고 생각되는 것들을 모아 NOT TO DO

LIST를 만들었다.

스마트폰 알림 *끄기*

밖에 나갈 때나 집에 있을 때, 심지어 화장실에 갈 때도 들고 있
는 스마트폰. 나의 일상 모든 곳을 함께 하는 스마트폰은 수시
로 나를 불러댔다. 문자와 SNS 알림, 앱 알림 등이 수시로 울린
다. 궁금한 건 못 참는 성격이라 울리면 바로 확인을 해야 한다.
그런데 알림을 받을 때마다 그것만 확인하는 게 아니라, 잠금
해제한 김에 SNS 업데이트 한번 확인하고, 카카오톡에 온 메시
지 보고, 인터넷 검색도 하고……. 알림 한번 받았을 뿐인데, 30
분이 후딱 지나가 버린다. 시간이 아깝지만, 도대체 멈출 수가
없다. 그래서 알림을 모두 껐다. 단체 채팅방, SNS 새 글과 댓
글 알림을 모두 *끄고*, 카드 사용 알림 등 몇 가지만 남겨두고 울
리지 않게 설정했다. 중요한 사항은 개인적으로 연락이 오기 때
문에 수시로 확인할 필요가 없다. 울리지 않아도 자주 보게 되
는 스마트폰, 조금이라도 덜 들여다보게 알림을 *끄자*.

인터넷 뉴스 보지 않기

스마트폰을 손에 쥐고 다니면서 습관처럼 확인하는 것 중 하나가 인터넷 뉴스 보기였다. 어떤 포털사이트에 들어가면 1위부터 30위까지 실시간으로 업데이트되는 뉴스를 볼 수 있다. 언제 열어도 세상에 새로운 정보들을 계속 접할 수 있다. 특히 연예 뉴스를 많이 봤는데, 누가 어떤 옷을 입었고, 누구를 만나는지, 내가 알지 않아도 될 정보들로 매일 시간을 소비했다. 시사 뉴스에서도 도움 되는 내용은 많지 않다. 클릭을 유도하기 위한 자극적인 뉴스나 불안을 불러일으키는 뉴스들이 가득했고, 보고 나면 찜찜한 기분이 드는 건 자주 있는 일이다. 그래서 인터넷 뉴스를 보지 않기 시작했다. 처음 며칠은 습관처럼 손가락이 그 페이지를 찾아갔지만, 의식적으로 노력해 적응되었다. 인터넷 검색을 하다 보면 중요한 기사들은 눈에 띄어서 알게 되었고, 필요한 정보는 내가 직접 찾아서 봤다. 필요하다면 종이신문을 구독해 보는 것도 좋은 방법이다.

잠자기 전 누워서 스마트폰 금지

스마트폰이 있기 전에 어떻게 살았나 싶다. 지인들과 실시간으로 대화를 나눌 수 있고, SNS에 들어가면 재미있는 유머들이 실시간으로 업데이트되어 시간 가는 줄 모른다. 스마트폰 하나로 TV도 보고, 영화도 보고, 게임도 할 수 있다. 스마트폰을 하면서 특히 시간이 빠르게 갈 때는 잠자기 전 누워 있을 때다. 왜 이렇게 재미있는 게 많지? 새벽 세·네 시는 정말 금방이다. 보면 볼수록 잠은 더 깨고, 어두운 곳에서 스마트폰을 들여다봐서 눈은 더 피곤하고, 수면의 질도 방해받아 다음날 피곤한 상태가 이어진다. 자꾸 후회를 하면서도 재미있어서 계속 반복된다. 그래서 스스로 자기 전 스마트폰 금지령을 내렸다. 처음엔 누워서 뭘 할지 몰라 심심했고, 생각만 많아져 오히려 잠이 깨는 것 같았다. 그냥 자는 게 이렇게 어려웠나? 스마트폰을 열고 싶은 마음을 꾹꾹 참았다. 하지만 어느 순간부터 쉽게 잠들었고 푹 자고 일어나 아침이 개운해졌다. 절대 불가능할 거라고 생각했던 새벽 기상도 가능해졌다. 30년 넘게 밤에 활동하는 올빼미족이었는데, 누워서 스마트폰 보는 습관을 버리며 일상 패턴이 건강하게 바뀌었다.

사소한 일에 지나치게 신경 쓰지 않기

가끔 별생각 없이 한 친구의 말이 지나치게 신경 쓰일 때가 있다. 그 한마디가 계속 머릿속에 맴돌아 하루 종일 또는 며칠 동안 신경이 쓰이기도 한다(정작 그 사람은 그 말을 했는지 기억도 못 하는 것 같은데 말이다). 일어나지 않을 일에 걱정하거나, 이미 지나간 일에 대한 후회도 자주 한다. 사소한 일에 쏟는 마음의 에너지가 크다. 지나고 나면 별거 아닌 일인데, 왜 이렇게 시간을 쓰고 마음을 상하게 하는 걸까. 이럴 때 생각에 시간제한을 두어야 한다. 딱 5분만 걱정하고, 생각을 멈추기로 한다. 그래도 계속 신경이 쓰인다면 해결할 방법을 생각해 보고, 없다면 더 이상 고민하지 않기로 한다. 생각에도 연습이 필요하다.

NOT TO DO LIST를 살펴보니 대부분이 스마트폰과 관련된 습관들이다. 스마트폰은 이제 없어서는 안 될 존재가 되었지만, 우리의 시간을 빼앗아 가지 않도록 올바르게 사용하는 것이 중요하다. 가끔 숏폼 영상에 빠지면 나도 모르게 30분은 너무 쉽게 보내곤 한다. 보고 나면 무엇을 봤는지 기억도 안 나는 숏폼의 유혹은 너무 강력하다. 정말 하고 싶다면 시간을 정하자. '딱 10분만 보고 할 일 하자!' '이걸 다 끝내면 딱 10분만 보자' 시간을 정해놓고 하자. 물론, 지키는데도 의지가 필요하겠지만 말이다.

TO DO LIST에는 해야 할 일만 적는 것이 아니다. 하지 말아야 할 일을 적는 것도 시간을 버는 일이다. 투두리스트 모임에서 함께했던 다은 님은 맨 윗줄에 '유튜브 시청하지 않기'라는 목록을 작성했다. 자꾸 유혹에 빠지는 자신에게 매일 아침 다짐하며 리스트를 적었을 것이다. 버리고 싶은 습관을 무의식적으로 계속 반복하게 된다면, 투두리스트에 적어두고 기억하자. 새로운 습관을 만드는 것도 중요하지만, 나쁜 습관을 버리는 것도 중요하다. 시간을 잡아먹는 나쁜 습관을 버리면 여유시간이 생기고, 그 자리를 좋은 습관으로 채울 수 있다.

NOT TO DO LIST **!!**

☆ ☐ 다른 사람과 비교하는 마음

☆ ☐ 모르면서 아는 척 하기

☆ ☐ 미루는 습관

☆ ☐ 핑계대기

☆ ☐ 후회 하는 습관

☆ ☐ 물건 아무데나 두기

☆ ☐ 조급한 마음

☆ ☐ 시작 하기도 전에 걱정하기

> 매일 조금씩 성장하는 하루 :)

FUTURE MIND

NOT TO DO LIST **!!**

☆ ☐ 과도한 스마트폰 사용

☆ ☐ 감정적으로 먹기

☆ ☐ 과거에 대한 집착

☆ ☐ 타인의 기대에 맞추기

☆ ☐ 소극적인 태도

☆ ☐ 늦게 일어나는 습관

☆ ☐ 사소한 일에 에너지 쓰기

☆ ☐ 자기 비판적인 태도

> 나는 내가 원하는 사람이 될 수 있다!

FUTURE MIND

새로운 습관을 만드는 것도 중요하지만, 나쁜 습관을 버리는 것도 중요하다. TO DO LIST에 하나씩 넣고 실천해 보자.

투두리스트를 위한 투두리스트

투두리스트를 작성하면서 참고하면 도움이 될 만한 내용을 모아봤다. 처음 투두리스트를 쓰기 시작할 때 가볍게 한번 읽어보고, 어느 정도 습관이 되었을 때 다시 한번 읽어보면서 필요한 부분을 적용해 보자. 가장 좋은 투두리스트 작성법은 자신에게 맞는 방법을 만들어 가는 것이 베스트이다.

☐ 투두리스트를 작성하는 고정적인 시간을 정하자

나는 아침에 하루를 시작하며 투두리스트를 작성한다. 하루를 계획하며 목표를 설정하고 다짐하면 생산성을 높일 수 있다. 할 일이 많은 날은 전날 밤에 몇 가지를 작성하며 하루를 시뮬레이션 해 보기도 한다. 자기 전, 내일을 계획하며 투두리스트를 미리 작성하기도 한다. 본인에게 맞는 방법으로 편하게 작성하되, 고정적인 시간을 정해보자. 매주 일요일 아침에는 일주일을 계획하고, 매월 1일은 한 달 목표를 설정하는 시간을 고정적으로 가진다. 앞을 내다보는 계획은 하루 투두리스트를 작성하는데 큰 도움이 된다.

☐ 투두리스트에 긍정 확언, 감사 일기 또는 나를 위한 한마디를 쓰자

하루를 시작하며 나에게 어떤 좋은 말을 해 줄까? 생각하고, 투두리스트에 적어보자. 책에서 본 좋은 이야기나 감사하는 하루, 할 수 있다고, 잘하고 있다고 외치는 문구를 넣으면 투두리스트를 볼 때마다 힘이 난다.

☐ 잘 보이는 곳에 두고 수시로 본다

투두리스트를 작성하고 잊어버리면 아무 소용이 없다. 잘 보이는 곳에 두고 수시로 리스트를 확인하며 실행하자. 주로 책상 위에 붙여 두거나 자주 보는 다이어리 위에 올려둔다. 주방에 많이 가는 사람은 냉장고에 붙여 두자.

☐ 오래 걸리는 일은 나누어서 작성한다

시간을 투자해야 하는 중요한 일이 있다. 아이디어를 짜거나, 글쓰기를 하는 등 집중해야 하는 일들이다. '아이디어 짜기'라고 두루뭉술하게 적으면 애매하므로 중요한 일임에도 자꾸 미루게 된다. 먼저, 하루 시간을 보고 투자할 수 있는 시간을 계산 해 본다. 2시간 정도 가능하다면, 아이디어 짜기를 한 시간씩 나누어

두 번의 체크박스를 작성하자. 더 집중해서 시간을 이용할 수 있다.

☐ 시간을 정하자

늘어지는 일은 시간을 정하고 작업하면 생각보다 빨리 끝나기도 한다. 집안일의 경우 하루 종일 해도 끝이 없다. 한 시간을 치워도 깨끗해지지 않던 집이 20분 만에 깨끗해진 것을 보고 놀란 적이 있다. 짧은 시간을 정해두고 집중해서 빠르게 해치우고, 더 이상 하지 않도록 하자. 쓸데없는 생각이나 걱정거리도 마찬가지다.

☐ 시간을 줄여서 작성한다

며칠이 지나도 지워지지 않는 리스트가 있다. 운동 한 시간, 독서 한 시간 등으로 작성된 리스트. '하려면 한 시간은 해야지!'라며 시작하는 단계임에도 불구하고 한 시간 단위로 작성해 두면 부담되어 시작도 하지 못한다. 사실 10분 운동도 충분히 효과적으로 할 수 있다. 하는 것이 중요하다. 어느 정도 익숙해지고 탄력이 붙었을 때 시간을 조금씩 늘려가자. 10분 독서라고 적으면 시작하기 쉽다. 읽다 보면 재미있어서 10분 이상 읽기도 한다. '책 펼쳐보기'라고 정말 쉽게 적어도 좋다. 실행으로 옮기기 쉽게 작성하는 것이 중요하다.

☐ 구체적인 행동을 작성한다

시간을 줄여 작성했는데도 실행하지 않는다면, 조금 더 구체적으로 확실하게 리스트를 작성해 보자. 운동 10분을 집에서 하는 운동 10분, 스쿼트 100개, 계단 오르기 3회 등으로, 독서는 읽을 책 제목으로 작성하면 해야 할 행동이 무엇인지 분명해진다.

☐ 리스트에서 삭제한다

며칠째 지워지지 않는 리스트라면 지금 당장 필요하지 않은 일일 수 있다. 삭제하고 부담을 줄이자. 다시 필요하다고 생각되는 순간에 리스트를 쉽게 작성해 새로운 마음으로 다시 실행해 보자.

☐ 하기 싫은 일부터 처리하자

하기 싫은 일이라면 보통은 머리를 많이 쓰거나, 집중해야 하는 일, 시간이 오래 걸리는 일이다. 중요한 일이라 표시해 두고 그 일부터 처리하자. '이거 해야 하는데 언제 하지' 생각 하지 말고 그냥 제일 먼저 해버리자. 대개 생산성이 가장 좋은 시간은 오전이다. 미룰수록 하기 싫어진다.

☐ 자투리 시간을 잘 활용하자

나열된 목록을 보면 군이 숫자를 쓰지 않아도 대충 일의 순서가 결정된다. 자투리 시간에 빨리 체크할 수 있는 목록들이 있다. 인터넷으로 물건을 구매하거나 습관 인증, 이체하기 등의 간단한 리스트들이다. 물건 구매하며 인터넷 쇼핑으로, 습관 인증하며 수다 등으로 빠지지 않는다면 위의 리스트들은 마음만 먹으면 5분 안에 끝낼 수 있다. 하루 중 화장실 가는 시간, 밥 먹는 시간, 대중교통 타는 이동 시간에 빨리 끝내 버릴 수 있다.

☐ 동시에 가능한 일은 묶자

동시에 할 수 있는 일은 옆으로 나열해 작성하고 같이한다. 투두 리스트 쓰면서 물 마시기, 청소하면서 오디오북 듣기, 화장하면서 유튜브 강의 듣기 등 묶어서 적어두는 것은 시간을 절약하는 방법이기도 하고, 습관을 만들 때도 유용하다. 10분 이내로 처리 가능한 자잘한 일들도 묶어서 한 번에 처리하자.

☐ 한 번에 많은 습관 만들기에 집착하지 말자

좋은 습관을 만들기 위해 투두리스트에 다양한 습관을 넣는다. 각종 습관 챌린지에 참여하며 인증하기 위해 시간을 많이 사용하기도 하는데, 습관을 만들다 다른 중요한 일을 놓칠 수 있다. 투두리스트 쓰는 습관을 먼저 만들고 익숙해지면, 다른 습관을 하나둘씩 추가해 보자.

☐ 디지털 도구를 같이 활용하자

투두리스트만큼은 손 글씨로 직접 쓰는 것을 선호하지만, 요즘은 좋은 디지털 툴이 정말 많다. 편리한 도구가 있다면 같이 활용해 보자. 디지털 캘린더로 스케줄을 관리하고, 노션으로 목표 체크리스트 페이지를 만들어 진행 상황을 기록하는 등 다양한 데이터베이스를 만들어 보자.

☐ 해야 할 일들 사이에 하고 싶은 일을 넣자

투두리스트를 쓰는 궁극적인 목표는 내가 원하는 하루를 살아가고 그로 인해 행복하기 위해서다. 너무 바쁜 하루를 보내고 있는 건 아닌지 가끔 점검하며, 하고 싶은 일도 넣자. 하고 싶은 일을 위해서도 해야 하는 일들이 많을 것이다. 일처럼 느껴지지 않는 단순히 즐길 수 있는 힐링 리스트도 꼭 넣자. 재충전하고 나면 또 에너지가 생겨 계속 실행해 나갈 동기부여가 될 것이다.

PART 3

내 꿈이 반영된
투두리스트

TO DO LIST

☆ ☐ _____
☆ ☐ _____
☆ ☐ _____
☆ ☐ _____
☆ ☐ _____
☆ ☐ _____
☆ ☐ _____
☆ ☐ _____

롤 모델과 함께 라면 먹고 갈래?

"대박! 이거 몇 백만 원짜리 컨설팅 아냐?"

남편이 기뻐하며 말했다. 떨리는 마음을 주체할 수 없었다. 인생에 큰 변화를 가져다 준 멘토님과 10분이나 통화할 수 있다니. 이거 혹시 꿈인가? 뭐라고 말했는지 기억도 잘 나지 않았다. 전화를 끊고 나서, 남편을 멍하니 바라보았다.

따끔따끔한 독설을 날려주는 김미경 강사님. 흔들리고 나태해질 때마다 찾아서 읽고, 들었던 인생멘토이시다. 강사님의 책 《이 한마디가 나를 살렸다》에서 '하루는 내 인생의 축소판이다'라는 글을 읽고 투두리스트 작성을 시작했다. 그때부터 내 인생을 변화시킬 무기가 생겼다.

그날은 몇 년 만에 열린 오프라인 강의가 있던 날이었다. 드디어 책으로, 영상으로만 만나던 김미경 강사님을 실제 뵙는 날이라 두근두근 더 설레었다. 강사님께 자랑할거리를 가져오라는 미션이 있었는데 나는 그동안 작성했던 투두리스트 한 뭉치를 들고 갔다. '과연 내 것을 봐주실까?' 두근두근 떨리는 마음으로 기다리고 있었는데 웬걸, 강사님은 내 투두리스트를 처음으로 딱 집어 올리셨다. 1년 동안 강의 들으며 열심히 산 내 흔적들. "열심히 했네"라는 그 한마디가 얼마나 뿌듯하게 들리던지!

그런데 예상치 못하게 마이크를 받았다. 200명이 넘는 사람들 앞에서 손도 떨리고 목소리도 떨려서 하고 싶은 말들이 머릿속에서 뒤죽박죽 엉켰다. "강사님 덕분에 투두리스트를 쓰기 시작하면서 많은 변화가 일어났습니다. 내 상품을 만들었고, 투두리스트 커뮤니티도 만들게 되었습니다. 감사합니다."라는 말이 왜 뒤엉켜 나오는 걸까! 하, 말을 제대로 하지 못한 후회가 밀려왔다.

그날 밤, 강사님이 정기적으로 진행하는 유튜브 심야 야식 토크가 있었다. 야식을 먹으며 시청자와 전화 통화를 하는 토크쇼. 오늘 못다 한 이야기를 하고 싶은데 '보낼까 말까?' 고민하다가 구구절절 사연을 보냈다. '나한테 기회가 오면 좋겠다!' 간절히 바라고 있는데 갑자기 답장이 왔다.

"안녕하세요. 토크쇼 담당자입니다. 연락받을 번호 남겨 주시겠어요?"

헉! 강사님과 통화라니, 게다가 생방송이다. 떨리는 마음을 진정하려 애썼지만, 손끝이 덜덜 떨렸다. 무슨 말을 할지 떠오르는 대로 종이에 적었다. 그리고 전화가 걸려 왔다. 10분간의 통화에는 공기 반 소리 반, 흥분된 목소리로 횡설수설하며 단어를 조합해 이야기를 이어나갔다.

"난 이게 느낌이 온다. 되게 잘될 것 같아. 나와 다른 사람들과의 투두리스트 연대가 세상에 어떤 영향을 미치는지 증명 해 봐요. 그리고 나중에 투두리스트 가지고 강의를 해봐. 꼭 책도 쓰고."

내가 잘하는 건지, 이렇게 하는 게 맞는 건지 가끔 의심도 들었다. 투두리스트는 누구나 쉽게 쓸 수 있는 건데, 어떻게 이걸로 나만의 이야기를 만들 수 있을까. 새로운 고민이 시작됐다. 돌아보면, 투두리스트로 나는 매일 조금씩 성장하고 있었다. 매일 리스트에 있는 작은 단위의 일들을 해내며 성공 연습을 하고, 자신감도 생겼다. 그리고 '하고 싶다, 해야겠다'라고 결심하는 순간들이 많아졌다. 토크쇼에 연락했다는 자체가 이미 많이 변했다는 걸 보여준다(예전 같으면 할까 말까 하다가 넘어갔을 거다). 나는 잘 해왔고, 잘하고 있으니, 앞으로도 잘 해낼 수 있을 거라는 자신감이 생겼다.

그런데, 이게 끝이 아니었다. 강사님과 식사 자리에도 초대되었다. 꿈만 같은 일이다. 인생 멘토이자 롤 모델이 내 앞에서 파를 볶고, 라면 스프를 뜯어 라면을 끓이고 있다. 뭐라도 해야 할 것 같은데 뭘 해야 할지 몰라 허둥지둥한 내 손. 함께 간 네 명 모두 비슷한 듯 보였다. 자리에 앉아 라면을 먹으며 대화를 나눴다. 대화를 놓치고 싶지 않아 라면이 코로 들어가는지 입으로 들어가는지도 모르게 먹었다. 뭐라도 얘기를 더 하고 싶고, 듣고 싶은 마음에 그냥 대충 씹고 후루룩 다 삼켜버렸다.

라면을 먹으며 강사님과 나눈 대화 덕분에 앞으로 하고 싶은 일들이 구체적으로 떠올랐다. '단순히 내가 원하는 삶을 사는 것뿐만 아니라, 이 과정에서 얻은 것들을 나누면서, 다른 사람들에게도 좋은 영향을 미칠 수 있겠구나'라는 생각에 큰 동기부여가 되었다. 사소해 보일 만큼 작은 실행으로 인생을 바꿀만한 큰 변화를 만들어낼 수 있다는 걸 증명해 보이고 싶어졌다.

"미래야 할 수 있어!" 롤 모델 김미경 강사님께 다이어리 맨 앞장에 사인을 받았다. 매일 다이어리와 투두리스트를 보면서 그 말이 힘이 되어 긍정 에너지가 솟는다.

안 했으면 어쩔 뻔했어

할까 말까 할 땐 해 보기

"100만 원짜리 노트북을 제가 받는다고요?"

믿을 수 없었다. 강의를 열심히 들은 우수 수강자로 선정되어 노트북을 선물로 받게 된다는 소식을 들었다. 내가 우수 수강자라니. 게다가 이런 어마어마한 시상이 있다는 건 전혀 몰랐다. 오래된 데스크톱을 사용하며, 노트북이 있으면 좋겠다고 생각은 했지만, 이렇게 받게 될 줄은 상상도 못 했다.

뭐라도 시작해 보려고 비상금을 털어 스마트 스토어 강의를 신청했다. 물건을 팔아 본 적이 없어 '내가 할 수 있을까?' 하는 의문이 들었지만, 돈을 벌어보고 싶다는 마음에 큰 결심을 하고 등록했다. '나도 온라인 빌딩을 세워보겠어!' 시작은 열정 넘치고 희망 가득했지만, 아쉽게도 얼마 지나지 않아 멈춰버렸다. 4회차 강의에서 사업자 등록 과제가 나왔기 때문이다. 물건을 판매하려면 사업자를 가지고 있는 것은 당연한 일인데, 당장 오프라인 가게를 오픈하는 것처럼 겁이 났다. '사업자명을 뭐로 하지? 뭘 팔 수 있을까? 세금 문제는 어떻게 하지?' 여러 가지 고민에 한 달 동안 아무것도 하지 못했다. 계속 새로운 강의가 열리고 마음은 급해졌다. 그리고 역시 따라오는 생각. '난 이걸 왜 한

다고 했을까……'

할까 말까 고민이 생기면 나는 보통 하는 편이다. 해 보고 싶은 마음이 있으면 언젠가는 하게 될 거라는 걸 알고 있다. 어차피 할 거라면 지금 하느냐, 나중에 하느냐의 문제일 뿐이다. 그런데 막상 시작하고 어려움이 들이닥치면 '하지 말걸' 하고 후회하곤 한다. 사실 그건 그냥 힘들다는 투정이다. 사업자 대표가 된다는 부담감과 책임감에 잠시 회피하고 싶었다. 어렵고 복잡할 것 같아 무서웠다. '어휴, 온라인 작은 상점도 두려워하면서 나만의 카페는 무슨……' 이것도 못하면 아무것도 할 수 없을 것 같다는 생각에 마음을 다잡았다. 지금 그보다 중요한 건! 내 소중한 비상금으로 낸 수강료다. 아까워서라도 일단 계속 해보기로 한다. 처음부터 완벽한 계획은 없다. 완벽하게 시작하려다 보면 시작도 못할 수 있다. 좋은 네이밍이 떠오르면 그때 바꾸면 되고, 하다가 필요한 건 또 그때 배워가면 된다. 미리 고민하고 걱정하지 말자.

사업자 등록을 하고 시청에 가서 직접 통신 판매업 신고를 했다. 처음 사업자 등록증을 받고, 마음이 이상했다. 마치 큰 상장을 받은 것처럼 내 이름이 박힌 종이에 설레기도 했고, 뭔가 일을 저지른 듯한 느낌에 막연한 걱정도 들었다. 이후 강의에서부터 강사님은 우리를 사장님이라고 불렀다. 어색하면서도, 뭐라도 된 것처럼 괜히 으쓱했다. 다시 한번 마음을 가다듬었다. 강의 게시판에 언젠가 내가 만든 제품을 판매하고 싶다는 당찬 포부도 남겼다.

한 강의가 끝날 때마다 게시판에 정리한 걸 올리고, 새로 알게 된 정보와 경험을 공유했다. 함께하는 초보 사장님들과 정보를 공유하는 것은 소속감을 높여, 내가 더 열심히 하기 위한 하나의 방법이었다. 스토어 사용법은 블로그와 비슷해 금방 익숙해질 수 있었는데, 문제는 상품 선정이다. 도매 페이지를 보고 또 봤지만, 괜찮은 상품에 마진율도 높일 수 있는 상품을 찾기는 하늘의 별 따기처럼 어려웠다. 평소에 물건 소비를 많이 하는 편이 아니라 뭘 선택해야 할지 정말 막막했다.

그즈음 매일 투두리스트를 작성하고 있었다. 매일 쓰다 보니 보완되었으면 하는 점들이 눈에 띄었다. '내가 메모지를 만들어 보면 어떨까?' 언젠가 내 상품을 만들고 싶다는 생각이 이렇게 빨리 연결될 줄이야. 한번 든 생각은 수시로 머릿속을 드나들었고, 할지 말지 고민되었지만 결국 해 보기로 했다. 처음 상품 제작을 하려고 보니 막막하다. 마음은 먹었지만, 뭐부터 해야 할지 엄두가 나지 않는다. 그래서 투두리스트에 해야 할 일들을 하나씩 적어 나갔다. 시장조사, 디자인, 피드백, 인쇄업체 찾기 등 하나씩 작은 단계로 나눠 투두리스트에 적고 실행에 옮겼다. 몇 번의 수정을 거쳐 사용해 보길 반복해 보다가, 남편의 도움으로 디자인을 완성했다. 그리고 드디어 기다리던 내 상품이 나왔다! 내 상표가 적힌 메모지를 보니 감동적이다. 비닐 커버를 씌우니, 제법 문구점에서 본 듯한 느낌도 난다. 이게 될까 싶은 일들도 차근차근 단계를 거치다 보면 결국 해낼 수 있다. 실행되지 않는 이유는 단계를 모르거나, 오늘 바로 할 수 있을 만큼 쪼개지지 않았기 때문이다.

도매시장에서 눈여겨본 상품들을 몇 가지 추가해 드디어 온라인 상점을 오픈했다. 미리 캔버스를 사용해 홍보 포스터를 만들고, SNS로 홍보했다. 오픈 이벤트로 특가 한정 상품을 준비하고, 몇 가지 상품을 묶어 세트 상품도 만들었다. 그리고 기다리던 첫 주문이 들어왔다! '그런데 배송은 어떻게 하지? 주문이 들어올 때마다 직접 보내러 갈 수도 없고, 신규 업체는 택배 계약이 어렵다고 들었는데……' 동네에 오시는 택배 기사님을 기다려 음료수 한 잔 드리며 여쭤보고 소개받아 계약을 완료했다. 막상 닥치면 어떻게든 다 하게 되어 있다. 그리고 걱정했던 일들은 생각보다 쉽게 해결되기도 한다. 고객의 후기를 받고 정산

172

금을 받았다. 단가가 낮은 상품이다 보니 간식 사 먹을 정도의
귀여운 정산금이었지만, 내 상품을 만들고 온라인에서 판매하
는 전 과정을 경험할 수 있었다. 열심히 한 흔적을 봐주셨는지
감사하게도 장학생이 되어 줌으로 스토어 컨설팅을 받았다.

그리고 한 달 후, 가족과 동물원에서 놀고 있을 때, 모르는 번
호로 전화가 걸려 왔다.

스마트 스토어 강의를 들으며 매일 투두리스트를 썼다. 그러면서 아주 작고 작은 실행을 이어갔다.

"심미래 씨 되시죠? 축하드립니다! 장학생 중 우수생으로 뽑혔습니다. 노트북을 보내드릴 건데, 주소 확인 부탁드리겠습니다."

"대박!" 소리를 지르며 물개 옆에서 나는 물개박수를 쳤다. MKYU 김미경 대표님이 스토어 강의를 오픈하며 라이브 방송에서 약속한 우수생을 위한 시상이라고 한다. 진작 알았더라면 고민하며 쉬는 한 달도 없었을 거다. 노트북을 받기 위해 무조건 직진 했을 테니까. 그랬다면 고민하면서 만든 내 상품이 없었겠지? 컴퓨터에 카메라가 없어 장학생 라이브 줌 미팅 강의에서 나만 화면이 꺼진 채로 있었는데, 이제 나도 보이는 줌 미팅을 할 수 있게 되었다!

수강료가 비싸다고 포기했다면, 사업자 등록이 무서워서 포기했다면, 장학생도, 노트북도, 내 상품도 만들어지지 않았을 거다. 할지 말지 고민할 때 역시 해 보길 잘했다. 경험에 있어서는 '무'보다는 '유'가 백배, 천배 낫다.

할 수 있을까 싶어도 일단 해 보기

스토어 강의와 함께 '블로그 마케팅' 강의를 신청했다. 블로그를 사용해 봤기 때문에 기본적인 툴은 알고 있었다. 스토어 장학생은 무리인 것 같으니(사업자 등록 과제가 나왔을 때였다), 조금 더 익숙한 블로그만큼은 반드시 장학생이 되리라 결심했다. 초반까지는 아는 내용들이어서 쉽게 느껴졌지만, 회차가 진행될

수록 주어지는 과제 난이도가 점점 높아져 '헉' 소리가 났다. 하나의 퀘스트를 마치면 더 높은 단계의 퀘스트가 기다리고 있었다. 그러던 중 설마 했던 과제가 등장했다. 바로 '100일 글쓰기 챌린지'. 글쓰기 습관을 만들고 블로그를 성장시키기 위한 최적의 과제이며 최고 난이도 과제라고 할 수 있다. 어떤 주제로 해야 100일 동안 쉽게 쓸 수 있고, 나에게도 도움이 될 수 있을까?

계획을 세운 날과 세우지 않은 날의 차이가 크다. 투두리스트로 계획을 세우고 시작한 하루는 해야 할 일을 하며 알차게 보낸 느낌이 들었다. 그래서 100일 글쓰기 소재로 '투두리스트'를 선택했다. 그날의 투두리스트와 일상의 사진, 감사한 일들을 블로그에 올렸다. 초보 블로그라서 보는 사람이 적었지만, 공개된 곳에 올리는 힘이 크다는 것을 느꼈다. 내 하루 계획이 온라인에 오픈되면서 잘하고 싶은 마음에 더 부지런해졌다. 이왕이면 더 많이 체크된 투두리스트를 올리고 싶어서 시간을 더 알차게 쓰게 되었다. "하루에 어떻게 그렇게 많은 일을 하세요?", "미래 님 하루는 48시간인 것 같아요." 칭찬은 고래뿐 아니라 미래도 춤추게 한다. 부지런한 척했더니 실제로 부지런해졌다.

블로그로 직접적인 수익을 내기 위한 첫 번째 과제는 애드포스트 등록하기다. 블로그를 써왔기 때문에 빠르게 승인을 받았다. 글을 쓰고 다음날, 정말 귀여운 한 자릿수의 돈이 들어왔다. '짜잔, 6원!' 웃음이 나올 정도의 적은 돈이지만, 내가 쓴 글도 돈이 된다는 사실이 신기했다. 아주 가끔 어쩌다 천 원대의 돈이 들어오면 정말 기뻤다.

공동구매 사이트와 업체 찾는 방법도 알게 되었다. '공동구매는 많은 팬을 가진 인플루언서들만 할 수 있는 거 아닌가?' 아직 블로그가 작아 공동구매를 믿고 맡겨줄 업체를 찾기 어려웠다. 아니 사실 이 정도로 명함을 내밀기에 내가 자신이 없었다. 이번 과제를 어떻게 해낼 수 있을까?

고민 끝에 용기를 내어 잘 사용하고 있던 수세미 업체에 공동구매를 제안하는 이메일을 보냈다. 과제를 핑계로 안 해 본 걸 해 볼 수 있는 기회다. 미친 척하고 해 보기로 한다. 몇 번을 쓰고 지우기를 반복하며 읽어보기 지겨울 정도가 되어 보내기 버튼을 겨우 눌렀다. 그리고 다음날, 업체에서 연락이 왔다. 스토어에서 판매가 되도록 주력하고 있어서 공동구매를 진행할 순 없지만, 나를 통해 구매 시 추가 혜택을 제공해 주기로 했다. 무응답과 거절이 아니라 다행이다. 잘 해내면 또 다른 업체와 연결될 수 있겠다는 생각이 들었다. 처음으로 제품 홍보하는 글과 영상을 직접 만들어 봤다. 실제 판매로 얼마나 이어졌는지는 모

☆ 안녕하세요 뷰쳐마미 입니다. 조심스럽게 공동구매를 제안드려봅니다^^ ✍

∧ 보낸사람 ▒▒▒▒▒▒▒

　　받는사람 ▒▒▒▒▒▒▒

2020년 11월 27일 (금) 오후 1:56

안녕하세요^^
저는 '엄마의 자기계발' 이란 주제로 블로그와 인스타를 운영하고 있는 뷰쳐마미 심미래 라고 합니다.
블로그는 500명(방문자수 평균 200), 인스타는 800명정도의 아주 많이 큰 SNS라고 할순 없지만,
현재 꾸준한 소통으로 열심히 키워나가고 있습니다.
(인스타는 빠르게 성장하고 있습니다!)

대표님께서 만드신 ▒▒▒▒▒▒을 아주 잘 이용하고 있습니다.
2020.1.5 첫 구매해 사용해보고 너무 좋아서 1.21 재구매해 주변에 선물했습니다.
7월달 또 재구매해 아주 잘 사용하고 있습니다.

특히 ▒▒▒▒▒▒는 아이들 식판 틈새 닦기에 최고라는 생각이 듭니다.
어린이집 다니는 아이들을 둔 엄마라면 식판사용이 필수인데요,
사각식판 틈새 사이로 국물과 반찬들이 낄 수밖에 없는데 ▒▒▒▒▒▒가 아니면 닦기가 힘들어요.
두 아이를 둔 엄마라 매일 2번이상씩 식판설거지를 하는데 ▒▒▒▒▒▒는 필수죠.
편한 제품을 만들어주셔서 정말 감사합니다.

제가 메일을 드리는 이유는 다름이 아니라,
공동구매를 제안드려보기 위함입니다.
블로그를 배워나가고 있는 과정에 블로그를 통한 공동구매에 대해 알게되었는데요,
수익을 내기 위한 목표라기보다,
제가 정말 잘 쓰고있는 제품을 소개하고 판매를 해보면 어떨까 하는 생각에
제일 먼저 ▒▒▒▒▒▒가 떠오르더라구요.

이미 제가 1년간 사용하고있고, 세번째 재구매한 사람으로써 자신있게 홍보 할 수 있을것 같습니다.

대표님께서 공동구매를 위한 특별구성을 제공해주신다면
블로그와 인스타그램에 열심히 작성해 올려보겠습니다.
(특별 할인가 또는 특별 구성을 제안드립니다.
　-기존 4개 기본 구성 -> 8개/12개 묶음에서 할인 등))

르지만, 업체와 혜택과 이벤트 기간에 대해 조율하며 진행 상황을 경험할 수 있었다. 그리고 이 경험은 이후에 진행한 공동구매에 큰 도움이 되었다.

가장 기대했던 체험단 과제는 생각처럼 쉽지 않았다. 여러 곳에 신청했지만, 아직 작은 블로그라 그런지 신청하는 것마다 줄줄이 탈락했다. 이번 과제는 무리구나 싶었을 때, 구세주가 나타났다. 지인으로부터 체험단 소개를 받았다. 급하게 진행되는 거라서 시간만 가능하면 할 수 있었다. 호텔에서 진행하는 아이 요리 체험 수업이다. 게다가 블로그 포스팅 후, 무려 호텔 숙박권을 받게 되었다. 처음 경험하는 체험단에 이게 무슨 일이야. 인플루언서들은 협찬받아 여행한다고 들었는데 이런 느낌이겠구나! 블로그를 더 잘 키우고 싶은 동기부여가 생겼다.

최종 과제는 블로그로 모임 만들기다. '모임'이라는 단어에 실패한 경험이 떠올라 주눅이 들었다. 약 8년 전 오프라인에서 버킷리스트 모임을 만들었던 추억을 살려 지난해 온라인으로 버킷리스트 모임을 만들었다. 기획력이 부족했는지 진행이 부족했는지 생각보다 모임이 잘 진행되지 않았다. 온라인에서 모임이 쉽지 않다는 걸 깨달았다. 모여도 모두 다른 시간에 활동해서 진행이 어려웠다. 그리고 모이기가 쉽지만 떠나기도 쉽다.

다시 모임을 기획할 수 있을까? 한 명도 안 오면 어쩌지? 잘 안 돼도 기획한 경험을 남겨보고 과제를 마무리하면 되겠구나 싶어서 열심히 머리를 짜냈다. 물건을 비우고 여유로 채우자는 주제로 하루에 한 가지씩 물건을 정리하는 모임을 기획했다. 작년 실패의 경험을 바탕으로, 모임을 더 알기 쉽게 구체적으로 공지를 만들었다. 다행히도 예상보다 많은 인원이 모였고, 참여도도 높아 성공적으로 마무리할 수 있었다. 내가 할 수 있을지 걱정돼도 일단 해 보면 없던 용기가 생기고, 기회도 찾아온다. 한 번의 경험은 시너지를 끌어올려 다양한 곳에 영향을 미친다. 덕분에 자신감을 얻어 바로 다음 달, 투두리스트 모임인 '투두플랜'을 시작할 수 있었다.

인생에서 가장 바쁘고 용감하게 살았던 3개월이었다. 매번 '헉' 소리 나는 어려운 과제를 내준 박제인 강사님, 이후에 강사님을 찾아가 덕분에 엄청나게 성장할 수 있었다고 감사 인사를 드렸고 좋은 인연이 되었다. 그때 고군분투한 기록을 생생히 담은 블로그를 종종 다시 들여다본다. 들이대기 식으로 했던 일들을 보면서 다시 들이댈 수 있는 용기를 얻는다. 할 수 있을까 싶어서 고민했던 일들을 안 했으면 어쩔 뻔했나 싶다.

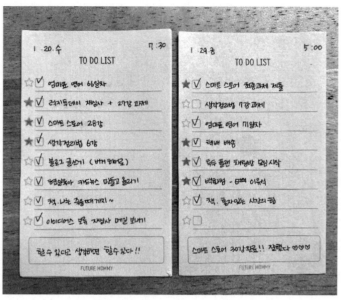

매일 투두리스트를 작성하면서 강의를 듣고, 블로그를 쓰고, 과제를 하느라 바쁘게 보냈던 날의 투두리스트. 작은 단위로 나눠 하나씩 차근차근해 나간 덕분에 새롭게 도전한 블로그와 스토어 강의에서 모두 장학생이 되었다.

특별한 하루를 만드는 방법

내 일상도 특별해질 수 있을까?

"다들 정말 잘 사나보다."

SNS를 하다 보면 나 자신이 쪼그라드는 느낌이 든다. 이 친구는 해외여행을 가고, 저 친구는 호캉스를 가고, 또 누군가는 뭘 샀다고 자랑한다. 내 인생만 이렇게 단조로운 건가? 알면 도움 되기는커녕 속만 아픈 SNS 구경. 아니 그런데 시간이 벌써 이렇게 지나갔다고? 잠시 구경만 했을 뿐인데 한 시간이 사라졌다. 실시간으로 업데이트되는 숏폼은 내 입맛대로 어찌나 추천을 잘하는지 1분도 안 되는 동영상을 계속 이어보느라 시간 가는 줄도 몰랐다. 자기 전 누워서 들여다보면 두세 시간도 훌쩍 지나간다. 그래서 뭘 봤냐고? 글쎄, 그건 잘 기억나지 않는다.

남들 다 하니까 나도 하는 SNS. 소소한 일상 기록과 소통을 위한 거라고 하지만, 참 내 맘 같지 않다. 나만 빼고 다들 즐거운 하루를 보내는 것 같다. 어떻게 하면 나도 특별한 하루를 보낼 수 있을까? 방법은 간단하다. 기록하고 싶은 하루를 만들면 삶이 특별해진다.

어느 날 뜬금없이, 유튜브를 하기로 마음먹었다. 특별한 계기가 있었던 것도 아니고, 돈을 벌기 위한 목적도 아니었다. 일상

에 변화가 필요했다. 하루가 바쁜데 도대체 왜 바쁜지, 나는 시
간을 어디에 쓰는지 궁금했다. 그런데 참 용감 하기도 하지. 평
소 유튜브를 즐겨 보지도 않는다. 셀프카메라 찍는 것도 엄청나
게 쑥스러워하는 사람인데 유튜브 브이로그가 웬 말인지. 좀 예
쁘게 하고 찍으면 좋을 텐데, 매번 화장하고 찍으면 화장하기가
귀찮아 금방 안 찍게 될 것 같아서 그냥 정말 날 것 그대로의 내
모습을 담아봤다. 장비는 스마트폰 한 대뿐, 오래된 삼각대에
꽂아 이리저리 옮겨가면서 하루를 열심히 찍었다. 카메라에 내
모습이 나오는 자체가 어색해 말하는 건 당연히 생각지도 않았
다. 딱히 주제도 없이 그냥 너무나도 자연스러운 내 하루를 담
았다. 편집을 앞두고는 아차 싶었다. 촬영은 이렇게 하는 게 아
니구나. 어떠한 틀도 방향도 없이 찍은 어마어마한 양의 영상을
어디서부터 어떻게 손대야 할지 힘들었다. 열심히 촬영한 게 아
까워 3주간 붙잡고 늘어졌다. 보통은 유튜브를 시작하면 영상
편집 프로그램을 배우던데, 육아 중이라 자유롭게 PC를 사용할
수 없었고, 시간 날 때마다 짧게라도 하기 위해 스마트폰 앱으
로 영상편집을 했다. 몇십 번을 돌려보며 영상을 다듬어, 결국
하루의 기록을 10분으로 줄였다. 자막도 넣고 나름의 포인트
를 추가해 어떻게든 영상을 완성했다. 처음부터 완벽하길 바라

지 말고 하면서 점점 수정해 나가기로 했다. 드디어 첫 영상을 올렸다. 다행인지 아닌지 첫 영상을 올리고 아무 일도 일어나지 않았다. 지인들이 클릭해 준 덕분에 겨우 두 자리 조회수가 나왔다. (유튜브에서 첫 영상은 띄워준다는 얘기에 0.1%의 작은 기대는 하고 있었지만, 내건 아니었다) 내가 유튜브를 올렸다고? 내가 영상 편집을 했다고? 지금 다시 보면 음악도 없고, 지루하기에 그지 없지만, 영상의 퀄리티나 조회수와 상관없이 그냥 내가 해냈다는 뿌듯함이 컸다.

다음에는 무엇을 올릴지 고민했다. '뭐야, 나 콘텐츠 짜는 거야?' 영상을 찍기 위해 뭘 할지 고민하다가 미뤘던 운동을 시작했고, 메이크업을 배우기 위해 뷰티클래스에 참여했다. 동화구연지도사 수업을 듣고, 벼룩시장에 판매자로 참여했다. 영상을 찍기 위해 생각했던 일들을 하나씩 실행하게 된 것이다.

다음은 뭘 올릴까? 고민하면서 생각만 하던 일들을 하나씩 실행하기 시작했다.

소위 말하는 대박은 여전히 없었지만, 내 모습이 영상으로 기록되는 게 좋았다. 영상을 제일 많이 돌려본 사람은 나일 것이다. 편집 시간은 갈수록 짧아졌다. 첫 영상에는 없던 음악도 깔고, 5회차 영상부터는 내 목소리를 녹음해서 해설을 넣었다. 처음엔 너무 긴장되고 어색해서 정말 몸을 덜덜 떨면서 했다. 몇 번 해 보니 별거 아닌데 긴장했던 내 모습이 우습기도 하고 귀엽기도 하다. 기록하고 싶은 하루를 만들면서 내 하루는 특별해졌다. 기록의 힘을 느끼며 다양한 곳에 더 많은 내 흔적을 남기고 있다.

기록이란 어떤 사실을 어딘가에 남길 목적으로 적는 것이다.

어린 시절 숙제처럼 하던 일기 쓰기에 기록이란 말은 귀찮게 느껴진다. 하지만 기록하는 게 정말 쉬워진 요즘, 우리는 예쁜 것을 보면 카메라부터 켠다. 반가운 사람을 만나면 사진 한 장 찍어 기록으로 남긴다.

스마트폰에 쌓이는 사진과 영상들에 생각이나 느낀 점을 몇 줄 추가해 SNS에 올려보자. 날짜별로 정리해서 폴더를 만들어 정리할 수도 있다. 사진과 영상 위주인 인스타그램, 짧을 글을 올리는 스레드, 사진과 영상을 넣어 글을 쓸 수 있는 블로그, 글로 남기는 브런치 등 플랫폼마다 특징이 있으니 나에게 맞는 것을 골라 기록 해 보자. 누군가가 보는 게 부담스럽다면 비공개로 기록해도 괜찮다.

결혼 준비, 임신기간, 그리고 출산 후 200일 넘게 매일 블로그에 기록했다. 몇 년이 지난 지금 다시 그때를 추억하며 들여다보는 재미가 쏠쏠하다. 검색을 통해 궁금했던 이야기를 언제 어디서든 찾아볼 수 있고, 그 시절의 감성과 행복한 순간으로 빠르게 돌아갈 수 있다. 지나간 추억들이 앞으로 살아갈 힘이 되어준다.

SNS 똑똑하게 이용하는 방법

SNS로 일상을 기록하면서 재미있는 일들이 많이 일어났다. 전문적이지 않은 개인용 기록으로 만들어진 SNS에서 직접 경험한 특별한 일들이다.

- **커뮤니티 만들기**: 블로그와 인스타그램에 매일 쓰는 투두리스트를 기록했다. 습관을 만들기 위해서 시작했는데, 공개된 곳에 올리면서 더 열심히 투두리스트를 쓰고 체크하게 되었다. 시간 관리가 되고, 목표도 빠르게 이루어지는 것을 보고 다른 사람들에게도 도움이 될 것이라는 확신이 들었다. 투두리스트로 하루를 공유하고 서로를 응원해 주는 커뮤니티를 만들었다. 온오프라인으로 만남을 이어가며 서로를 응원해 주는 드림 응원 메이트다. 2021년 2월에 시작된 모임은 지금까지도 이어지고 있다.
  모임에 참여하는 것도 재미있지만, 모임을 만드는 것도 재미있다. 나와 비슷한 관심사를 가진 사람들과는 처음 만나도 이야기가 잘 통한다.

- **전자책 발행**: 육아하며 아이들과 일상에서 놀이한 기록을 블로그에 올렸다. 아이들의 즐거운 모습, 호기심 가득한 눈빛을 사진첩에만 담아두기에 아쉬웠고, 또 놀이로 고민하는 엄마들과 공유하고 싶어 기록했다. 집이 깨끗하게 치워진 모습이나 예쁜 앵글의 사진은 아니지만, 놀이를 하며 자연스러운 모습을 담았다. 약 200건의 글이 모였고, 이를 모아 전자책을 발행했다. 아이와의 놀이 포스팅은 두 차례나 네이버 메인에 올라가면서 방문자 수가 엄청나게 뛰는 재미있는 일도 있었다.

- **방송 출연**: 임신 중 남편과 오이도에 갔을 때의 추억을 짧게 포스팅으로 남겨두었는데, 몇 년 뒤 방송 작가님께 연락이 왔다. "경기 바다와 관련된 추억으로 방송 촬영이 가능할까요?" 우리 가족이 함께 방송에 나오는 특별한 추억이라 흔쾌히 출연했다. 임신 당시 사진들을 보며 그때 갔던 코스대로 오이도 등대를 보고 조개구이를 먹고 산책하는 가족의 모습을 예쁘게 영상으로 담아 주셨다. "텔레비전에 내가 나왔으면 정말 좋겠네, 정말 좋겠네"를 부르던 아이들, 정말 텔레비전에 우리 모습이 나오는 걸 보고 정말 좋아했다. 블로그에 기록

하지 않았다면 이런 기회도 없었을 것이다!

- **영어 100일 챌린지 성공**: 평생 숙제처럼 느껴지는 영어, 아이들만큼은 나처럼 영어를 두려워하지 않았으면 하는 바람으로 100일 영어 외우기 챌린지를 시작했다. 이번엔 꼭 끝까지 해 보겠다고 다짐하며 매일 영어를 외우고 영상을 찍어서 기록했다. 열심히 하는 모습을 보고 응원해 주는 분들이 생겼고, 응원에 힘을 얻어 100일 차까지 완료했다. SNS에 공개적으로 선언하는 힘이 크다. 꾸준한 모습을 좋게 봐주신 분이 함께 일하자는 제안까지 해주셨고, 엄청난 선물도 보내주셨다. 기록을 보고 함께 영어 공부할 친구들이 생겨서 100일 영어 외우기 챌린지를 3회까지 완료할 수 있었다. 꾸준한 기록으로 성장하고 인정받은 뿌듯한 경험이다.

- **제품 협찬**: SNS에 열심히 기록하다 보면 협찬받을 기회가 생긴다. 내 글과 사진으로 제품이나 서비스를 받을 수 있다니 얼마나 기분이 좋은 일인가! 평소 관심 있던 화장품도 사용해 보고, 외식도 즐기며, 재미있는 공연도 보고 운동도 하고 영어 수업도 받는다. 무료로 제공받은 만큼 자세하게 후

기를 작성한다. 초반에는 돈이 된다는 생각에 신나서 많이 받았는데, 글을 작성하며 내 시간을 많이 소비하게 된다는 걸 깨닫고, 이제는 내가 관심 있는 문화생활 분야만 하고 있다. 기록하다 보면 협찬 외에 협업, 공동구매 제안도 들어오며 다양한 기회가 찾아온다.

- **서포터즈 활동**: 기업의 홍보대사로 활동하는 것도 재미있다. 신제품을 미리 사용해 볼 수 있는 기회가 주어지고 제품에 대한 의견을 낼 수 있다. 꼭 갖고 싶었지만 비싸서 망설였던 롤매트 서포터즈에 선정되었다. 비싼 만큼 힘들었던 활동이지만 아직도 거실에 넓게 깔린 롤매트를 보면 기분이 좋다. 출판사의 서평단 활동도 참여했는데, 한 달에 4권의 책을 받아 읽고 리뷰를 작성했다. 강제로(?) 생각을 정리해서 글을 쓰게 되는데 나에게 도움이 많이 되는 활동이었다. 우수 리뷰어로 선정되면 추가로 상품권 등을 받을 수 있다. 대부분의 서포터즈 활동은 신청 시 SNS를 확인하기 때문에 꾸준하게 기록을 하다 보면 선정될 확률이 높다.

특별한 삶이라 기록하는 것이 아니라, 매일 기록하다 보면 삶이 특별해진다. 내가 좋아하는 공간에 나만의 방식으로 기록을 시작해 보자. 기록은 평범한 일도 특별하게 만들어 준다. 매일 콘텐츠를 소비하며 시간 낭비만 하지 말고 나만의 것을 생산해 보는 건 어떨까?

투두리스트를 작성하는 일상을 꾸준히 올리다 보니 '나만의 콘텐츠'가 되었다.

투두리스트를 쓰면 예뻐진다

함께 예뻐지는 방법

"이러고 줌 미팅하는 사람들은 전 세계 우리밖에 없을 거예요."

카메라가 켜지고 얼마나 웃었는지 모른다. 하얗게 덮인 얼굴들, 그중에는 초록색도 있다. 아마 얼굴 팩을 하면서 줌 미팅하는 사람들은 우리가 최초일지도 모른다. "팩 하면서 이렇게 웃어도 되나요?" 서로의 얼굴을 보기만 해도 웃음이 난다. 그 모습 그대로 나름 진지하게 관리에 관한 이야기를 나눈다. 어떤 효과가 있었는지, 추천하는 팩은 무엇인지, 좋은 정보를 더 많이 나누고 싶어서 이야기가 끊이지 않는다. 시간이 지날수록 말라가는 팩은 얼굴 위로 동동 떠 있어 재미와 흉함을 더해간다. 시트팩을 붙인 사람은 그나마 낫다. 씻는 팩을 바른 사람은 점점 굳어지는 팩을 보니 말하기도 곤란하다. "안 되겠다. 얼른 씻고 올게요!"

한창 투두리스트 모임 안에서 여러 가지 챌린지를 이어갔다. 만들고 싶은 습관이나 목표가 비슷한 사람끼리 그룹을 만들어 인증하며 습관을 이어가는 것이다. 책《외모는 자존감이다》를 읽고 일상에서 간단히 할 수 있는 관리를 찾다가 얼굴 팩을 시작했다. 투두리스트에 작성하면서 많은 분이 관심을 보였고, 함께하게 되었다.

세안 후 로션을 바르고 팩만 뜯어서 붙이면 되는데, 이게 참 잘 안된다. 귀찮기도 하고 잊어버려서 못 하기도 한다. 일주일에 4회 횟수를 정하고 투두리스트에 써서 체크했다. 한 달 정도 해 보니 피부가 정말 달라진 걸 느낀다. 내 피부가 이렇게 보들보들하다니! 사실 팩만의 효과는 아니다. 얼굴 팩을 하기 위해 더 꼼꼼하게 세안했고, 팩을 한 후에는 더 잘 챙겨 발랐기 때문이기도 하다. 팩을 하는 10분 동안은 스트레칭을 하거나 독서하며 시간을 보낸다. 피부가 좋아진 것도 좋지만, 나를 위한 시간을 만들어 자신을 관리하는 기분이 좋았다. 하루를 마무리하며 나를 관리하는 시간으로 보내면 왠지 멋진 여성이 된 느낌이랄까! 함께 하면서 재미를 붙였고, 더 열심히 했다. 스무 명에 가까운 사람들이 팩 인증에 참여했다. 아침에는 투두리스트가 올라오고, 저녁엔 얼굴팩 사진이 올라오는 아주 재미있는 풍경이 이어졌다. 그러다가 팩 하면서 줌 미팅까지 하게 된 것이다. 아직도 팩을 할 때면 가끔 그때 생각이 나 웃음이 나곤 한다.

또 다른 인기 있는 챌린지는 감사 일기 쓰기와 긍정 확언하기였다. 일상에서 감사한 일을 찾아 감사 일기를 쓰고, 나를 위한 긍정의 언어를 이야기해 주는 것이다. 사실 나는 마음 표현을 많이 쑥스러워한다. 말하지 않아도 다 알 거라 생각해 표현을 많이 아끼고 살아왔다. 그래서 그런지 나에게 해 주는 긍정 메시지가 처음엔 정말 어려웠다. 나에게 다정한 말을 건네는 건 머릿속이 간질간질 해지고 손발이 오그라드는 느낌이다. 처음엔 멤버들의 공유된 감사 일기를 읽어보는 걸로 시작했다. 그런데 세상에, 우리 주변에 감사할 일들이 참 많다는 걸 새삼 느끼게 되었다. 건강하게 밥도 먹고, 편안하게 잠잘 수 있는 것도, 눈을 떠 새로운 하루를 시작하는 것도, 내가 가지고 있고, 하고 있는 모든 것들이 당연한 게 아니라 주어진 감사한 일들이다. 읽기만 해도 감사함이 생기고 마음이 따뜻해짐을 느꼈다. 그리고 시작한 감사 일기는 세상을 아름답게 보는 방법을 알게 해 주었다. 감사 일기 대장이었던 해나다샘 님은 다양한 형태의 감사 일기를 쓸 수 있게 안내해 주었다. 그중 재미있던 건, 미래를 상상하며 작성하는 미래 감사 일기였다. 아직 일어나지 않은 일을 상상하며 감사하고, 감사를 통해 내가 원하는 나를 만들어 가는 것이다. 생생하게 그리는 미래 감사 일기는 마음을 편안하게 해 주었고, 열린 사고와 긍정적인 태도를 갖게 해 주었다.

해나다샘 님은 그간 작성한 감사 일기 100개를 모아 개별 포스터로 만들어 보내주었다. 늘 감사한 마음을 떠올리도록 책상 앞에 붙여놓고 자주 들여다보고 있다. 감사 일기는 부정적인 생각을 긍정적으로 바꾸어 준다. 어려움을 극복하고 정서적으로 안정을 찾아가 행복을 느끼도록 해 준다. 내면의 상태는 외면에 드러나는 법. 마음이 편안해지니 표정도 밝아진다. 일상에서 보이는 풍경들, 안부 인사를 나누는 지인들, 오늘도 눈을 떠 투두 리스트를 작성하고 감사 일기를 쓰는 모든 순간에 감사하다. 혼자였으면 시작도 하지 않았을 일, 함께할 수 있어 감사하다.

투두리스트로 외모 체크!

회사에서 마감날이 되면 정말 쉴 틈 없이 바빠진다. 화장실 가는 시간 빼고는 종일 집중해야 하는 마감 기간에는 일부러 아침마다 더 열심히 나를 가꾼다. 하루 종일 앉아만 있다 오고, 잘 보일 사람도 없는데 왜 더 열심히 화장하고 예쁜 옷을 입는 걸까? 그것은 바로 힘내기 위해서다. 바쁘고 힘들어도 기분 좋은 하루를 보내기 위한 나만의 의식이라고 할 수 있다. 겨울날, 한껏 꾸미고 얇게 입고 나간 날은 별로 춥지 않은 것과 같다. 사람들 앞에 서야 하는 중요한 자리나, 자신을 드러내야 하는 일정이 있을 때면 우리는 며칠 전부터 어떤 옷을 입을지 고르고, 신경 써서 피부 관리도 한다. 메이크업을 받고, 전문가에게 머리를 맡기기도 한다. 다른 사람에게 잘 보이기 위해서이기도 하지만, 외모 관리를 하는 주된 목적은 자신을 관리하며 자신감을 높이고 나에 관한 관심을 두기 위해서이다. 늘 메이크업하고 차려입을 순 없다. 일상에서 자연스러운 노력으로 자신을 관리하는 것이 중요하다. 건강한 음식을 먹고, 가벼운 운동을 하며, 밝은 표정과 바른 자세를 유지하는 것도 외모 관리 중 하나이다.

스스로 가장 예쁘고 자신감이 넘쳤던 시절을 떠올리면 한창 투두리스트를 열심히 썼던 때다. 지금도 투두리스트를 쓰고 있지만, 집착할 정도로 열심히 썼던 때가 있다. 할 일을 적고 하나씩 해치우는 걸 게임처럼 즐겼다. 사회적으로 불안한 이슈들이 많았던 때라 마음의 안정이 필요하기도 했고, 성장하고 싶은 욕구가 강했던 시기였다. 투두리스트를 쓰다 보면 해야 할 일들을 하는데 생각보다 많은 시간이 필요하지 않다는 걸 알게 된다. 미뤄서 못 했거나, 다른 일과 같이 하느라 집중하지 못해서 시간이 오래 걸렸다. 생각보다 자투리 시간이 많다. 마음만 먹으면 짧은 시간에 외모 관리를 위한 리스트를 충분히 해낼 수 있다.

  관리에 소홀해지는 가장 큰 이유는 귀찮고, 피곤하고, 잊어버리기 때문이다. 그래서 실행하기 쉽게 아주 간단한 목록을 짜서 투두리스트에 하나씩 넣고 실행했다. 거울 보고 웃는 연습, 물 마시기는 실행하는데 1분도 채 걸리지 않는다. 친하지 않아 계속 미루게 되는 운동은 시간을 짧게 했다. 플랭크는 1분만 해도 복근에 효과가 좋다. 줄넘기 1000개는 10분도 걸리지 않는다. 홈트레이닝도 10분이면 땀이 난다. 시작하기까지가 힘들고 귀찮지만, 하루 중 고작 10분인데 못할까? 생각하면 몸이 움직인다.

  작은 습관이 도움이 된다는 건 누구나 알고 있다. 그런데 꾸준히 하는 게 제일 어렵다. 투두리스트에 1일 차, 2일 차 매일 카운트 하면서 숫자를 늘려가다가 어느 순간 체크하지 않는 날이 이어진다. 그리고 리스트에서 조용히 사라진다. 나는 특히 운동을 꾸준히 하기가 어렵다. 계속 찔끔찔끔 하다 마는 운동. 하루는 100일 스쿼트를 100일 동안 하기로 마음먹었다. '반드시 허벅지와 엉덩이를 탄탄하게 만들어 예쁜 청바지를 입어보겠다!' 다짐하며 함께할 운동 메이트를 구했다. 서로 운동을 인증하고 SNS에 태그하며(상대방을 언급해 알림이 가도록 한다) 시작했다.

지희 님과는 재촉하지 않고 경쟁하지 않으며, 서로를 응원하고 칭찬하는 방식으로 서로를 이끌어줬다. 내가 포기 하지 않는 것이 상대방을 위한 일이라는 생각에, 야식 먹기 전에 운동하고, 놀이공원에 다녀온 피곤한 밤에도 스쿼트을 이어갔다. 그리고 마침내 투두리스트에 '스쿼트 100개 100일 차'를 쓰는 날이 왔다. 사실 겉으로 눈에 띄는 변화는 없지만, 나만 아는 변화는 확

TO DO LIST

☆ ☐ 거울 보고 웃는 연습
☆ ☐ 물 마시기 🥛🥛🥛
☆ ☐ 영양제 챙겨먹기
☆ ☐ 얼굴 팩 하기
☆ ☐ 손발톱 정리하기
☆ ☐ 눈알 굴리기 운동
☆ ☐ 11시전 취침하기
☆ ☐ 바른자세로 앉기

외모는 습관과 행동과 태도로 결정된다

FUTURE MIND

TO DO LIST

☆ ☐ 1분 플랭크
☆ ☐ 줄넘기 1000개 (5분)
☆ ☐ 10분 달리기
☆ ☐ 스쿼트 100개 (10분)
☆ ☐ 홈트레이닝 10분
☆ ☐ 외출시 계단 이용
☆ ☐ 스트레칭 5분
☆ ☐ 팔굽혀펴기 10회

나는 건강하게 예뻐진다!!

FUTURE MIND

외모를 가꾸는 일은 생각보다 간단하다. 귀찮아서, 잊어버려서 못 하는 작은 습관들. 투두리스트에 적고 실행 하자.

실했다. 어렵다고 생각한 운동을 목표한 대로 해내며 자신감이 붙었다. '운동도 100일이나 해냈는데 다른 건 못할까!'

멋지고 당당한 사람이 되고 싶어서 그런 사람들을 찾아 배우고 싶은 모습을 투두리스트에 넣고 하나씩 따라 했다. 어깨 펴기, 환하게 웃기, 바른 자세로 앉기 등 나를 성장시키기 위한 행동을 한다는 자체로 스스로에게 만족감을 주고 자신감을 키워주었다. 할 일이 많은 날도 있지만, 오늘 뭐 하지? 생각이 드는 날이 있다. 왠지 한가한 것 같은 오늘, 뭐라도 써야 할 것 같아 고민하다가 계속 미뤘던 리스트를 적는다. 미용실 가기, 눈썹 제모 예약하기, 네일 아트 예약하기 등 관리받는 일정을 넣어본다. 가끔 피곤한 날에는 마사지 받기를 넣고 힐링 시간을 가져본다.

스마트폰이 사라지면 찾다가 정말 냉장고를 열어보기도 하는 내 정신, 나 이외에 가족들을 챙기고 집안일을 돌보며 해야 할 일이 많다 보니 매일 정신 없다. 일정에 변경이 생겨도 별로 스트레스받지 않는 유형인 MBTI 대문자 P인데, 일상에서 쉽게 잊어버리는 것들에 대해서는 짜증이 밀려왔다. 그 짜증에서 나타나는 잔뜩 찌푸린 얼굴. 아침에 5분 투자해 정신없을 하루의 일정을 투두리스트에 나열하면서 '뭐 해야 하지?' '아, 맞다.

그거!' 깜빡하는 경우가 줄었다. 내 기억력을 믿지 않기 때문에 종이에 기록해 두면서 마음도 편해졌다. 마음이 편안해지면서 짜증도 줄어들고 표정도 밝아졌다. 투두리스트를 쓰면 예뻐진다.

아름다운 외모와 건강한 내면을 위한 리스트

《나는 오늘부터 달라지기로 결심했다》에 나온 '사람이 추구하는 7대 기본 욕구'를 참고해 아름다운 외모와 건강한 내면을 위한 리스트를 만들었다.

1. 건강하게 먹기

☑ 채소 & 과일 많이 먹기

☑ 아침에 일어나면 물 한 잔

☑ 술 줄이기

☑ 집에서 밥 먹기

☑ 인스턴트 음식 줄이기

☑ 영양제 챙겨 먹기

☑ 라테 대신 아메리카노

2. 규칙적으로 운동하기

☑ 하루 10분 운동하기

☑ 다양한 운동에 도전해 보기

☑ 스트레칭 하기

☑ 나에게 맞는 운동 찾기(운동 취미 갖기)

☑ 많이 걷기

3. 현명하게 벌어서 저축하고 소비하기

☑ 소비 습관 파악하기

☑ 다양하게 돈 벌어보기

☑ 가계부 작성하기

☑ 여행 자금 모으기

☑ 돈에 관해 관심 가지기

☑ 경험에 투자하기

4. 마음 편히 쉬고 즐기기

☑ 누워서 스마트폰 하지 않기

☑ 가끔 아무 생각 없이 웃고 즐기기

☑ 시간 가는 줄 모르는 취미 갖기

☑ 결정한 일에 대해 후회하지 않기

☑ 자연과 친해지기

☑ 혼자만의 시간 갖기

5. 미루지 말고 더 많은 것에 도전하기

☑ 버킷리스트 작성하고 실천하기

☑ 종이책 출간하기

☑ 일 년, 한 달, 일주일 목표 작성하기

☑ 목표를 잘게 쪼개 당장 시작하기

☑ 매일 투두리스트 작성하기

☑ 책 읽고 바로 실천하기

☑ 내 생각을 글과 말로 잘 표현하는 사람 되기

6. 간소화, 정리 정돈, 청소

☑ 사용하지 않는 물건 비우기

☑ 매일 침구 정리하기

☑ 매일 책상 위 정리하기

☑ 설거지 쌓아두지 않기

☑ 하루 20분 집 정리

☑ 미루지 않기, 늘어놓지 않기

7. 타인, 세상과 더 가까워지기

☑ 가족과 많은 시간 보내기

☑ 속으로 생각만 하지 않고 말하기

☑ 모임 나가기

☑ 고마워, 미안해, 사랑해 표현하기

☑ 내향형이라고 생각하지 않기

'하루 한끼 건강한 음식 먹기, 하루 물 세잔 마시기, 스쿼트 100개, 얼굴팩 하기' 관리에 소홀해지는 가장 큰 이유는 귀찮고, 피곤하고, 때로는 잊어버리기 때문이다. 그래서 실행하기 쉽게 아주 간단한 목록을 짜서 투두리스트에 넣고 하나씩 실천했다.

잘하는 척하다 보면 잘하게 돼

세상에, 무슨 자신감으로 미인대회를?

매일 투두리스트를 작성하고 작은 성취를 이어가면서 뭐든 할 수 있을 것 같다는 자신감이 생겼다. 그런데 세상에나, 이 미친 근자감(근거 없는 자신감)은 내 인생에서 단 한 번도 상상해 본 적 없는 미인대회로 나를 이끌었다. 키가 크지도, 몸매가 뛰어난 것도, 얼굴이 예쁜 것도 아닌데 지금 생각하면 정신이 나갔었나 싶기도 하다. 뭐든 할 수 있을 거라는 내면의 힘은 단단해졌지만, 여전히 자신감이 부족했다. SNS에서 보이는 당당하고 자신감 넘치는 사람들을 보면 부러웠고, 그 모습을 닮고 싶었다. 그러던 중 발견한 미시즈 미인대회. 그 대회에 참가하는 분들은 모두 자신감이 넘치고 자기표현이 확실해 보였으며, 자기 자신을 잘 드러내는 사람들 같았다. 나도 저 사람처럼 될 수 있을까? 언젠가 나도 도전해 보고 싶다는 마음이 꿈틀하며, 싶다리스트에 한 줄이 추가되었다.

언젠가 대회에 나갈지도 모른다는 생각에 투두리스트에 새로운 습관을 추가했다. 매일 팩하기, 웃는 연습하기, 매일 스쿼트 하기. 역시 목표의 힘은 대단하다. 힘들고 귀찮았던 습관들이 저절로 몸을 움직이게 했다. 얼굴 팩하며 책을 읽던 어느 날 아침, 멋진 동기부여를 준 분에게 감사 인사를 보냈다. 전년도 대회에서 '퀸'을 수상한 정지안 님은 자신감 있게 스피치하는 모습이 인상적이었고, 목표를 위해 100일 동안 100번 쓰기 하며 흔들리지 않고 열심히 노력해 꿈을 이룬 모습이 감동적이었다. 덕분에 새로운 도전을 꿈꿀 수 있게 되었고 좋은 영향을 주셔서 감사하다는 인사를 드렸다. 그리고 생각지 못한 긴 답장을 받았다. "결과보다 도전하는 자체가 중요하다는 걸 깨달았어요. 그 과정에서 성장하고 자신감이 생겨 전혀 생각지 못했던 다른 분야에서의 성장도 가져다주었거든요. 결과에 연연하지 말고 열심히 살아온 나에게 무대라는 선물을 주는 거라고 생각하고 꼭 경험해 보시길 추천해 드려요." 누군가의 한마디는 없던 용기도 가능하게 만드는 엄청난 힘이 있다.

난데없이 생일선물로 '모델 아카데미'에 등록했다. 바른 걸음걸이로 당당한 모습을 만들고 싶었다. 10년간 내 생일에 뭘 갖고 싶다, 하고 싶다고 얘기한 적이 없는데 의외의 선물 요구에 남편도 당황스러웠을 거다. 살면서 걸음걸이에 신경 써 본 건 처음이었다. 열심히 걷기만 해도 땀이 송골송골 맺혔다. 수업 시간에는 딱 붙는 옷을 입어야 했다. 몸매가 드러나는 옷을 입어야 강사님이 자세를 교정해 줄 수 있기 때문이다. 늘 엉덩이를 가리기만 했었는데, 짧은 상의를 입으니 마치 홀딱 벗은 것처럼 창피했다. 그때 함께 수업 듣는 언니들이 의외의 말을 해주었다. "왜 가리고 다녀? 예쁜데!" 콤플렉스와 매력 포인트는 한 끗 차이라고 한다. 가리기보다 관리해서 예쁘게 만들어야겠다고 결심했다.

병아리 걸음마를 연습하던 중 1년에 한 번 열리는 미시즈 미인대회 참가 신청이 시작되었다. 언젠가의 일이라고 생각했지만 두근거렸다. 아직 대회에 나갈 준비는 하나도 안 되었는데, 내년으로 미루면 할 수 있을까? 그때는 대회에 나갈 준비가 될까? 시간이 흐르고 모집 마지막 주가 되어 결심했다. '완벽하게 준비된 날은 오지 않아. 지금 하고 싶은 내 마음이 중요하지. 해보자!' 지원서를 제출했다. 내 마음에 따라 덜컥 지원했지만 막막했다. 어디서부터 무엇을 도대체 어떻게 준비해야 하지?

준비하는 과정에서 배운 것들

투두리스트를 작성하며 소소한 준비를 하나씩 이어갔다. 거울 보고 매일 웃는 연습을 하고, 한동안 신지 않았던 하이힐을 신

는 연습도 했다. 잔인하게도 대회에는 온라인 투표가 진행되었
는데 그 순위에 따라 내 마음이 오르락내리락했다. 지인들에게
대회 참여를 알리며 투표를 부탁했다. 의외의 도전에 놀라며 잘
준비하라고 응원을 받았다. 하지만 가끔 들려오는 차가운 말들
에 마음이 쓰렸다.

"그런 거 도대체 왜 나가는 거야? 그거 해서 뭐해."
"화장한 사진이랑 실물이랑 너무 다른 거 아냐? 딴사람인데?"
"인플루언서라서 뭐라도 될 줄 알았더니 별거 없네(순위가 저
조하네)."

쟁쟁한 분들과 함께 경쟁하려면 자신감을 장착하는 게 필수
인데, 대회를 준비하는 과정에서 듣는 질문과 이야기들이 나를
흔들리게 했다. 무관심한 친구들에게도 서운했고, 그렇게 생각
하는 속 좁은 나에게도 실망했다. 나는 왜 하지 않아도 될 일을
해서 서운할 일을 만들고, 마음고생하는 걸까? 그럴 때마다 동
굴로 들어가고 싶었다. 멘탈을 잡는 게 중요하겠구나. 투두리스
트에 새로운 항목을 추가했다.

- **긍정 확언 쓰고 말하기**: 나는 특별하고 멋진 사람이다. 나는 내 선택에 후회가 없다. 나는 용기와 자신감이 넘친다. 나는 도전을 두려워하지 않는다. 나는 나의 가능성을 믿는다.

- **감사 일기 쓰기**: 준비한 모든 순간을 즐기며 대회에 후회 없이 참여할 수 있어 감사하다. 도전하지 않았을 때보다 배운 게 많아서 감사하다. 가끔 막막함과 두려움이 몰려오지만, 생각하는 대로 이루어낼 것이라는 자신감이 있어 감사하다.

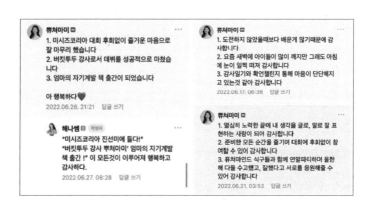

긍정 확언은 자신감을 올리는데 많은 도움이 되었다. 감사 일기는 현재 상황에 감사하는 마음을 떠올리며 긍정적인 생각을 불러일으키는 데 많은 도움을 줬다. 대회 준비에 힘든 마음을 남편에게 털어놓았다. 남편은 "그 사람과 당신과 경험의 차이야. 그걸 왜 하냐고 해서 하지 않는 것과 하는 당신과 엄청난 차이가 날 거야. 잘 해낼 거야."라고 힘을 실어줬다.

'내 마음이 결정한 일에 다른 사람의 안 좋은 이야기에는 신경 쓰지 말자. 응원해 주는 분들을 떠올리며, 지금 할 수 있는 것을 하자. 나를 더 사랑하자.' 도전하는 과정에서 나를 위해 노력하고 가꾸는 매일이 배우는 시간이었다. 조금씩 마인드가 바뀌는 걸 느꼈다. 멘탈이 폭풍우 치며 흔들림을 반복할 때도 시간은 흐르고, 대회 날짜는 다가왔다.

잘하는 척하다 보면 잘하게 돼

대회 2주 전, 오프닝에서 추는 안무 영상이 공개되었다. 합숙 훈련에 안무 배우는 시간이 있지만, 몸치인 나는 이틀 만에 배우는 건 무리였다. 심사에 포함되지 않는다는 것도 알지만 불안한 마음을 잠재우기 위해 안무 연습을 시작했다. 첫날에는 내 몸이 고장 난 줄 알았다. 0.5배속으로 틀어놓고 세 시간 동안 따라 했지만, 1배속으로 바꾸니 연습한 안무가 10초 만에 끝났다. 게다가 이건 춤이 아니라 오래된 로봇처럼 삐그덕댔다. '완전 몸치네. 이걸 내가 할 수 있을까?' 집중이 안 될 때, 밥 먹고 나서, 자기 전, 시간이 날 때마다 거실에서 영상을 틀어놓고 조금씩 따라 했다. 너무 어설픈 내 춤을 보며 남편이 걱정스러운 눈빛으로 물어봤다. "괜찮아?" 유리창에 비친 내 모습은 몸개그가 따로 없는데, 나 진짜 할 수 있을까? 이게 맞는 걸까. 합숙 직전, 겨우 1절을 박자에 맞춰 따라 할 수는 있게 되었다.

드디어 합숙이 시작되었다. 미시즈들의 모임인데 다들 아가씨처럼 예쁘고 늘씬했다. 이미 사회에서도 인정받는 경력들이 화려했다. '나만 주부인가?' 가만히 있는데도 키가 작아지고 어깨가 줄어드는 느낌이 들었다. 예쁘고 자신감 넘치는 언니들을 구경하다가 정신이 번쩍 들었다. '나도 참가자지! 비교하지 말고, 경쟁하지 말고, 이분들에게 좋은 점들을 배우고 가자!'

합숙 이틀 일정 대부분은 안무와 동선 연습으로 이루어졌다. 쉴 틈 없는 일정에 바쁘게 움직였다. 안무 연습 중, 안무 감독님이 나를 불렀다 "10번, 앞으로 나와보세요." 나보고 맨 앞에서 안무하라는 것이었다. "제가요?" 기분 좋음과 동시에 틀리면 어쩌나 걱정이 가득해 머리가 복잡했다. '춤은 자신 없는데. 맨 앞에서 틀려서 다 같이 틀리면 어쩌지……. 모르겠다. 그냥 잘하는 척 해버리자!' 동작을 크게 오버해서 잘 보이게 움직였다.

동기들은 내 안무 동작을 영상으로 찍고, 그 영상으로 안무 연습을 했다. 내가 안무 선생님이 되어 있었다. 진짜 이게 무슨 일이야. 물어볼 때마다 기쁘게 안무를 알려줬고, 고맙다고 커피를 사다 주기도 했다. 이 안에서 존재감 없이 조용히 있다가 가게 될 줄 알았는데, 내가 할 수 있는 역할이 있다는 게 감사했다. 덕분에 자신감이 생겼다. 자연스럽게 안무를 완벽히 익혔고, 그 때부터는 웃으며 안무하는 연습을 했다. 대회의 큰 무대에서 오프닝 공연에 맨 앞줄 센터에 서게 되었다. 매일 연습한 대로 대회가 진행되는 5시간 내내 웃었다. 심사위원분들이 언제 나를 볼지 모른다는 생각에 긴장했지만, 계속 웃었다.

대단한 참가자들 사이에서 특별상만 받을 수 있어도 좋겠다고 생각했는데, 아쉽게도 특별상에 내 이름이 호명되지 않았다. 그래도 괜찮았다. 맨 앞에서 춤추고, 1분 스피치도 실수 없이 했고, 드레스도 입어봤다. 아이들에게 좋은 모습 보여준 걸로 만족해야겠다. 좋은 경험이었다고 생각하는 순간 "참가 번호 10번 심미래!" '미' 수상자에서 내 이름이 불렸다. 눈물이 가득 차올라 앞이 보이지 않았다. 머리에 반짝이는 왕관이 씌워졌다. 멀리서 기쁨에 가득 차 내 이름을 외치는 남편과 아이들의 목소리가 들려왔다. 인생의 잊지 못할 경험이다. 매일 투두리스트를 작성하며 조금씩 성장하려 노력했던 시간이 스쳐 지나갔다. 안 되는 건 없구나. 되고 싶은 모습대로 행동하면 결국 그렇게 되는구나.

환장의 미라클 모닝

미래야 큰일났다 모닝

"그냥 자! 그렇게 피곤해하면서 왜 일찍 일어나."

퀭한 얼굴로 어쩔 수 없이 일어나 책상에 앉아있는 나는 보고 남편은 이해할 수 없다는 표정을 지었다. 결혼하고 몇 년간 볼 수 없었던 모습에 어이없기도, 안쓰럽기도 했던 모양이다. 소풍 가는 날 빼고는 일부러 일찍 일어나 무언가를 해 본 적이 없는 나에게 새벽 기상은 딴 세상 이야기였다. 밤에 혼자 사부작사부작 활동하는 걸 좋아했고, 그러다 보니 당연히 아침잠이 많았다. 신혼 때도 주말 아침이면 나는 늦잠을 자고 남편은 아침 운동을 하러 나갔다. 외향형인 남편은 운동을 통해 에너지를 충전하고, 내향형인 나는 혼자만의 시간을 갖는 것이 에너지를 충전하는 방법이었다. 사람마다 성향이 다른데 밤에 활동하든, 아침에 활동하든, 자기한테 맞는 대로 활동하면 된다고 생각했다. 한창 미라클 모닝이 유행할 때도 저건 나와 다른 이야기라며 듣지 않았다. 그런데 내 인생에 없을 것 같던 새벽 기상의 필요성을 느끼게 되는 날이 찾아왔다.

엄마가 되고 '나만의 시간'을 확보하기가 정말 어려웠다. 아이들이 잠드는 시간만 기다렸다가 조용히 나와 혼자만의 시간을 가졌다. 아이들이 늦게 잠드는 날이면 한 시간이고 두 시간이고 자는 척하며 기다렸다. 이 앓이, 애착 형성 시기, 배변 훈련 시기에는 자다가 깨서 엄마를 찾는 날이 많았다. 그런 날은 내 시간을 가지지 못해 화가 났다. 못 가질수록 더 간절해졌다. 에너지가 넘치던 20대 때는 밤새워 놀다가 출근해도 괜찮았는데 30대가 되니 힘들었다. 문제는 다음날이다. 내 시간을 가지고 늦게 잠들면 다음 날 종일 힘든 하루가 이어졌다. 아이들 등원 시간에 맞춰 겨우 일어나서 자는 아이를 깨워 빨리 준비하자고 재촉하는 하루를 시작했다.

'하루하루가 전쟁이네. 이대로는 안 되겠다.'

늦게 자고 늦게 일어나 빨리빨리 재촉하는 하루에 지쳐갈 때쯤 처음으로 새벽 기상에 대해 생각해 봤다. '나도 아침 시간을 활용해 볼까?' 흔히 말하는 성공한 사람들의 습관 중에는 '일찍 일어난다'가 반드시 들어가 있다. 그것도 아주 일찍. 새벽 4~5시는 한창 자는 시간 아닌가?(나에게는 잠든 지 얼마 안 된 시간이기도 하다) '그래, 변화가 필요하면 내가 바뀌어야지. 그냥 아침에 일찍 일어나면 되는 건가?'

30년 넘게 몸에 밴 습관은 당연히 쉽게 고쳐지지 않았다. 일찍 일어나려면 일찍 자는 게 우선이라는데 일단 밤에 잠이 안

왔다. 눈 감고 가만히 있기를 한 시간, 두 시간. 잠도 안 오는데 그냥 나가서 할 일이나 할까? 하루 이틀 아침에 일어나는 건 어찌어찌 가능했는데, 삼 일째부터는 낮이고 밤이고 다 힘들어서 안 되겠다. 낮잠 자는 건 정말 시간 아까운 일이라 생각하던 사람인데 자지 않고는 못 버텼다. '이거 쉽지 않네, 조금씩 천천히 적응해 봐야겠다. 5시는 자신 없고, 6시도 무리고, 일단 7시부터 시작해 볼까?' 무언가 하기에 여유로운 시간은 아니지만 준비시키느라 정신없이 시작하던 하루가 조금은 여유로워졌다. 일찍 잠들기 위해 잠자리에 누워 스마트폰을 보지 않기로 결심했다. 아이들 재울 때 기다리지 않고 같이 잠들려고 노력했다.

그런데, 그 이상은 당겨지지 않았다. 매일 습관을 가져보려고 했는데 하루 깨지면 화가 났다. 가정 보육하는 날은 더 피곤해서 못 일어나 화가 나고, 아이들이 밤에 많이 깨는 날은 새벽에 일어나 책을 펴놓고 졸고 있었다. 머리에도 안 들어오는데 왜 일어나 고생이지 싶고, 내가 이렇게 화가 많은 사람이었나? 뭐 좋자고 화내면서 환장의 미라클 모닝을 하는 건가 싶다. 남편은 가끔 이런 나를 놀리기도 했다.

"미라클 모닝 아니고 '미래야 큰일났다 모닝 아냐? 그냥 푹 자!"

정말 매일 큰일났다 모닝이었다. 아무도 안 시켰는데 지각한 듯 놀라 후다닥 일어나고, 늦게 일어나면 실패한 듯 속상해했다. 원래 하지 말라면 더 하고 싶은 것이 사람의 심리. 내 시간을 못 가질수록 더 가지고 싶었고, 하지 말라는 새벽 기상을 더 해내고 싶었다.

나도 할 수 있다 미라클 모닝!

☐ 아주 조금씩, 천천히 비법

몇 달을 시도했지만 화만 가득한 채 실패한 미라클 모닝. 사람이 한 번에 바뀌려고 하면 몸이 거부반응을 일으킨다. 8시에 일어나던 사람이 어떻게 갑자기 5시에 일어날 수 있을까? 새벽 기상만큼은 '그냥 하면 되지'가 통하지 않아서, 나에게 맞는 방법을 찾아보기로 했다. 기상 시간을 매일 한 시간 당기는 것도, 평일만 하는 것도 힘들었기 때문에 더 줄여서 일주일에 3번만, 한 시간 일찍 일어나기로 했다. 세 번만 해도 해냈다고 생각하니 압박감이 사라졌다. 압박감이 사라지면서 일주일에 네 번도, 다섯 번도 가능해졌다. 몸이 힘든 날은 쉬어가면서 충전하고, 괜

짧은 날은 30분씩 당겨 더 일찍 일어났다. 그렇게 몇 달이 지나고 6시에 일어나는 게 가능해졌다. 목표치를 낮추고 내 상황에 맞게 할 수 있는 작은 것부터 시작해 가능해졌다.

☐ 나에게 맞는 아침 루틴 찾기

아침을 내가 가장 좋아하는 시간으로 만들어 보자! 많은 책에서 새벽 기상 루틴으로 독서, 명상, 간단한 운동 등을 추천한다. 하나씩 시도해 보면서 나에게 맞는 루틴을 찾아봤다. 이상하게도 명상하고 요가 동작을 따라 하면 하품이 계속 나고, 몸을 움직이는데도 잠이 깨지 않았다. 하품과 흐르는 눈물 때문에 거의 울면서 요가 동작을 따라 했다. 이건 나와 맞지 않는구나. 독서와 명상도 마찬가지였다. 겨우 눈떴는데 다시 잠드는 활동이었다. 따뜻한 커피 한잔을 마시며 투두리스트를 작성했다. 오늘 하루를 머릿속으로 계획해 보며 손 글씨를 쓰는 것이 잠 깨는 데 효과적이었다. 한주, 한 달 계획을 세우고, 내가 하고 싶은 일들을 적어 보는 시간이 좋았다. 미래를 상상하면서 오늘 하루를 계획하는 일은 하루를 긍정적으로 시작하게 해줬다. 좋아하는 것들을 하기 위해 일찍 일어나게 되고 지속할 힘이 생겼다.

◻ 커뮤니티 활용하기, 챌린지 참여하기

미라클 모닝의 즐거움을 조금씩 알아가고 있을 즈음, 이 습관에 쐐기를 박아 버리기 위해 김미경 강사님이 진행하는 514 미라클 챌린지를 신청했다. 새벽 5시에 일어나 14일간 하고 싶은 것을 지속하는 챌린지이다. 새벽 5시에 라이브로 강사님의 활기찬 강의를 들을 수 있었다. 거의 2만 명의 사람들이 접속할 정도로 열기가 어마어마했다. 이렇게 일찍 일어나는 사람이 많다고? 어둡고 캄캄한, 고요한 새벽에 나 혼자 깨어있는 게 아니라는 생각에 새벽 기상이 한결 수월해졌다. 이후에는 퓨처마인드 커뮤니티에서 정희 님이 진행하는 '나 한다 새벽 기상'에 참여했다. 새벽 5시 15분 줌 독서실이 열리면 접속해 카메라를 켜고 조용하게 각자 할 일을 한다. 서로를 응원해 주는 사람들과 함께 하면서 이제 새벽 5시는 더 이상 한밤중이 아닌 하루를 시작하는 시간이 되었다. 정말 미라클이다!

퓨쳐마인드 '나 한다 새벽기상' 매일 새벽 5:15 줌 독서실이 열렸다. 하루를 힘차게 시작하는 정수리 그녀들 덕분에 고요한 새벽시간이 외롭지 않았다.

혼자만의 시간이 필요해 시작하게 된 미라클 모닝은 사실 적응하는데 2년이 넘게 걸렸다. '난 아침형 인간이 절대 아닌가 보다.' 좌절도 많이 하고, '아이들이 좀 더 큰 다음에 할까?'라며 몇 번을 포기하기도 했다. 지금은 시간을 두 배로 사용하는 새벽시간의 매력에 푹 빠졌다. 평소라면 2시간이 걸리는 글쓰기가 한 시간밖에 걸리지 않는다. 아무에게도 방해받지 않는 시간이라 집중이 잘되어 빨리 끝낼 수 있다. 하루를 어떻게 시작하는지가 그날 하루의 컨디션을 좌우한다. 부랴부랴 급하게 시작하던 하루와 아침에 일어나 오늘을 계획하고 시작하는 하루는 많은 차이가 있다. 내가 가장 좋아하는 루틴으로 시작해서 해 뜨는 걸 맞이하는 아침, 하루 일과 중 시간이 가장 오래 걸리는 글쓰기를 먼저 하고 나면 이미 많은 걸 해낸 것 같은 세상 뿌듯한 아침이다. 왜 진작 새벽 시간을 활용하지 않았을까!

지금은 굳이 새벽 5시에 알람을 맞춰 매일 일찍 일어나려고 애쓰지 않는다. 내 몸 상태에 따라 조절하며 6시 전후로 가뿐하게 일어나 하루를 시작한다. 하루를 일찍 시작하면서 하고 싶은 일들을 더 많이 할 수 있게 되었다. 이번 생엔 없을 것 같았던 새벽 기상을 하고 있다니, 하고자 한다면 절대 안 되는 건 없다.

30년 넘게 몸에 밴 습관은 당연히 쉽게 고쳐지지 않았다. '미라클모닝'과 관련된 책을 읽으며 배우고, 나에게 맞는 방법을 찾아가며 조금씩 적용했다.

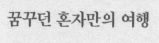

꿈꾸던 혼자만의 여행

혼자 여행에서 하고 싶은 리스트

"정말 나 혼자 다녀와도 될까?"

감사하게도 꿈꾸던 혼자 여행을 하게 되었다. 나에 대한 고민이 많았던 시기라 기분 전환하라고 남편이 배려해 준 시간이다. 30대 중반에 나를 찾는 여행이라니. 특별한 행사에 초대받거나 사업차 떠나는 여행이라면 조금 멋있었을 텐데 말이다. 아이들을 놔두고 혼자 여행, 정말 괜찮을까? 하루만 보내고 돌아올까 고민하다가 이왕 가는 거 2박3일 혼자 떠나기로 결심했다. 마음이 바뀌기 전에 얼른 다녀와야지. 사소한 점심 메뉴도 엄청나게 고민하는 편인 나인데 어디로 떠나볼까 고민에 대한 답은 의외로 쉽게 찾을 수 있었다. 여행 기분이 나는 곳, 멀지 않은 곳, 안전하고 의미가 있는 곳이라면? 제주도다! 내가 선택을 이렇게 빨리하다니! 누군가에게 묻지 않고, 눈치 볼 필요도 없이 마음이 가는 대로 선택하는 건 편한 거구나!

여행에서 많이 돌아다니는 편이라 숙소는 크게 중요하게 생각하지 않는다. 잠만 자는 건데 숙소에서 굳이 돈을 많이 쓸 필요가 있나? 경험하는 데 써야지. 여자 혼자 묵기 괜찮은(저렴한) 숙소를 열심히 찾다가 20대 때 처음 갔던 혼자 했던 여행이 떠올랐다. 그때 고른 숙소는 2층 침대 3개가 다닥다닥 붙어있는 게스트하우스였다. 경제적이면서도 다른 여행자들과 교류할 수 있다는 장점이 있었다. 처음 만난 사람들과 어색하게 이야기를 나누다 가도, 저녁에 같이 맥주 한잔하다 보면 친구가 되어있는 재미있는 곳이다. 또 다른 여행에서도 저렴한 숙소를 찾아갔다. 골목 안쪽 외진 곳에 있는 숙소였는데 날이 조금 어둑해지자 찾아가기가 정말 무서웠다. 방에는 집주인 고양이들이 미닫이문을 스스로 열고 자유롭게 드나들어 당황스러웠다.

잠깐, 이번 내 여행의 목적이 뭐지? '나에 대해 생각하는 시간을 갖고, 하고 싶은 거 해 보기!' 혼자 하는 여행 기회가 자주 있는 것도 아니고, 좋은 기억으로 남기기 위해 이번엔 다른 선택을 하기로 했다. 그때처럼 어리지도 않으니 추억 만들기보다 나를 위한 좋은 경험을 해 보기로 했다. 평소와 다르게 무려 추가금을 내고 오션뷰가 있는 호텔을 선택했다. 해 보지 않은 선택을 한 스스로가 조금 멋있게 느껴졌다.

출발 당일, 혼자라서 큰 짐도 없다. 남편이 공항까지 데려다주겠다고 했지만 출발부터가 여행의 시작이라고 쿨하게 거절했다. 혼자 캐리어를 끌고 남편에게 신나게 손 흔들며 출발했다. '나를 찾기 위한 여행'이라고 타이틀을 달았지만, 남편은 꼭 무언가를 찾지 않아도 된다고, 그냥 여행을 즐기고 오라고 했다. 혼자 여행이라니? 혼자 제주도라니? 오래전부터 계획했던 여행이 아니어서 더 실감 나지 않았다. '나만의 시간을 보내고 와야지.' 비행기에서 예쁜 구름을 보며 여행의 설렘을 가득 안고 '여행 싶다리스트'를 작성했다. 여행 동안 하고 싶은 것을 적은 리스트다. 날짜별, 시간대별 스케줄을 정하지 않고 이번 여행에서 꼭 하고 싶은 것들만 골라 리스트를 적었다. 예약이 필요한 것들은 미리 정하고, 나머지는 그날의 날씨와 내 기분과 여건에 따라 결정한다. 여행 정보와 사람들의 후기도 참고하지만, 많은 사람이 가본 곳보다 내가 궁금하고 가고 싶은 곳을 선택한다. '이 리스트에 있는 것만 해도 이번 여행 충분하겠다.'

여행할 땐 시간대별로 시간을 짜는 성격이 아니라 꼭 하고 싶은 것을 정한다. 그것만 해도 여행은 성공!

혼자 떠나는 제주도 여행 싶다리스트

- ☑ 바다 보이는 카페
- ☑ 나만의 긍정 선언문 만들기
- ☑ 여유롭게 호텔 조식 서비스
- ☑ 혼술 하기
- ☑ 혼자 전시회 or 미술관 or 박물관
- ☑ 양지영 작가님, 김재용 작가님 만나기

숙소에 도착했다. 내가 제일 좋아하는 하늘색 톤 객실이다. 커튼을 열어보니 넓고 푸른 바다가 보인다. 깨끗하고 푹신하게 정리된 침구. 잠깐 누워보니 이렇게 평화로울 수가 없다. 잠시 눈을 감으며 고요함을 만끽했다. 그대로 잠들다 눈떴는데 내일 아침인 걸 상상했다. 끔찍한 일이다. 내 소중한 스케줄을 아껴서 잘 써야지. 간단히 짐을 싸서 가까운 바다로 출발했다. 시원한 바닷바람을 맞으니 제주에 온 게 실감이 났다. 바다가 보이는 카페에 앉아 생각 정리 시간을 가졌다. 시간제한 없이 생각을 펼치다 보니 끝이 없다.

나를 찾아 떠난 혼자만의 여행

'나는 왜 혼자 여행하고 싶어 했을까?'

2년 전, '나는 내가 하고 싶은 일은 뭘까?' '난 뭘 할 수 있을까?'에 대해 많이 고민했다. 하루를 잘 보내기 위해 매일 투두리스트를 작성하기 시작하면서 신기하리만큼 많은 일들이 일어났다. 오래전부터 생각하고 바라던 일들이 하나씩 이루어지면서 매일 기쁨과 바쁨으로 가득 찼다. 얼마나 신났는지 이른 아침 눈을 떠 투두리스트를 작성하는 게 즐거웠고, 내일은 또 어떤 일을 하게 될까 매일 기대되는 하루를 보냈다. 그러다가 가끔 스스로에게 부족함을 느꼈다. 엄마의 역할도, 내 일도 잘하고 싶어 열심히 움직였지만 조금은 버겁기도 했다. 내가 정말 하고 싶은 것은 무엇인지 선택과 집중이 필요한 순간이 온 것이었다.

나는 혼자서 결정하는 걸 어려워하고, 다른 사람의 의견에 의존하는 편이다. 그래서 누군가의 말에 쉽게 흔들리기도 한다. 하지만 이제는 자신을 믿고, 더 많이 성장할 수 있게 혼자서 해낼 수 있는 능력을 키우고 싶다. 그리고 내가 선택한 길을 확신하고, 그 길을 나아갈 수 있는 용기를 가져야 한다. 앞으로는 혼자서 결정을 내리고, 그 과정에서 배워가며 더 많은 경험을 쌓아 갈 것이다. 지금껏 쓸모없는 시간은 없었고, 모든 건 나에게 긍정적인 영향을 주었다. 실패와 어려움 속에서도 배운 것들이 많다. 시간이 지나면서 내가 무엇을 원하는지, 어떤 방식으로 나아가야 하는지 깨닫고 있다. 지금까지 잘 해왔고, 지금도 잘하고 있고, 앞으로도 잘할 거라고 자신을 격려해 주었다.

예쁜 노을을 바라보다 보니 어느새 주위가 어둑해졌다. 호텔로 일찍 들어가기가 아쉬워 근처를 산책하다가 분위기 좋은 야외 테라스 맥줏집을 발견했다. 혼자 하는 여행이라 안전을 최우선으로 여겨 호텔 방에서 맥주 한 캔을 생각했는데 완전 럭키잖아! 예전에 드라마 〈혼술남녀〉를 정말 재미있게 봤고, 혼자 밖에서 맥주 한잔해 보고 싶었다. 제주 밤바람을 느낄 수 있는 야외 자리, 잔잔한 음악, 그리고 시원한 맥주. 게다가 여행 중이라니 완전 낭만적이다. 가끔 육아에 지칠 때면 뛰쳐나가 밖에서 한잔하고 싶었는데 그러지 않아서 다행이다. 첫 혼술의 기억을 멋진 여행지에서 남길 수 있어서 행복했다.

여행지를 제주도로 선택한 이유는 또 있다. 결혼할 때 친구 성희에게 받은 김재용 작가님의 《엄마의 주례사》를 여러 번 읽고 또 읽으며 인생 책이 되었다. 네 번째로 책을 읽던 새벽, 작가님의 블로그를 찾아가 감사하다는 인사를 드렸다. 답장이 올 거라고 생각지도 않았는데 제주에 오면 한번 만나자고 하셨다. 많은 독자가 연락해 왔을 텐데, 작가님의 말이 진심으로 느껴졌다. 언젠가 꼭 한번 만나 뵐 거라 다짐했다. 몇 개월 후 가족 제주여행 마지막 날 작가님을 뵙기로 약속을 잡았다. 그런데 약속 당일 아침 코로나에 확진되어 아쉽게도 못 만났다. 그런데 몇 개월 후 혼자 여행할 기회가 올 줄이야. 이렇게 좋은 시간 가지려고 그때 못 만난 거구나! 작가님께서 운영하시는 글스테이에서 하룻밤 머무르며 많은 이야기를 나눴다. 결혼하고 엄마가 되어서도 나를 나로 살 수 있게 해준 감사한 분과의 만남은 나에게 큰 용기와 가능성을 주었다. 그간의 내 이야기를 들은 작가님께서는 내 이야기가 책으로 나오길 기다리겠다고 하셨다.

혼자 떠나는 여행은 특별하다. 온전히 내 의견과 결정으로 이루어지는 시간이기 때문에 나 자신을 더 잘 알게 되고, 나와 더 친해질 수 있는 기회가 된다. 그 과정에서 내가 좋아하는 것과 싫어하는 것도 명확히 알게 되며, 몰랐던 새로운 내 모습을 발견하기도 한다. 여행 싶다리스트를 하나씩 지우며 이번 여행을 뜻깊게 마무리했다.

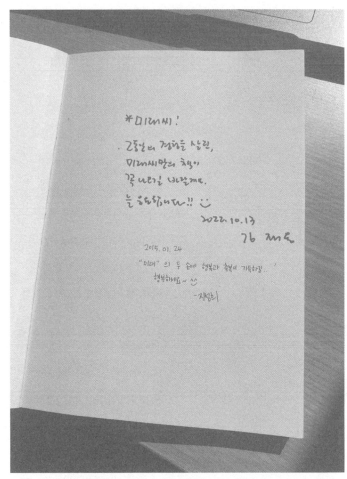

2015년 1월 결혼할 때 친구의 선물로 만난 책. 몇 번이고 반복해 읽은 인생책 중 하나이다. 2022년 10월 혼자만의 여행에서 작가님을 만났다. 결혼해서도 나를 나로 살 수 있게 해준 감사한 분과의 만남은 큰 용기와 가능성을 주었다.

꿈이 커지는 '함께 하는 힘'

하루를 공유하는 사람들

"이러다가 화장실 가는 것까지 쓰겠어요."

매일 아침, 카카오톡 채팅방은 활기차다. 각자 본인의 투두리스트를 썼음을 인증하고 아침 인사를 나눈다. 일과를 공유하는 우리, 세세한 일정까지 공유하다 보니, 한 번도 만난 적은 없지만 이미 오래된 친구처럼 친근하게 느껴진다. 이러다가 화장실 가는 것까지 공유하겠다며 웃음이 터졌다. 4년 넘게 투두리스트 모임을 진행해 왔다. 매달 20명에 가까운 사람들이 모였고, 100명이 넘는 사람들이 다녀갔다. 하루를 알차게 살아가는 사람들의 모임. 혼자만 간직하던 꿈 이야기를 털어놓고, 하루의 기쁨과 슬픔을 함께 나눈다. 할 수 있다고 외치며 서로의 '드림 응원 메이트'가 되어준다.

"오늘 드디어 자격증 시험 보시네요. 파이팅입니다!"

"합격 축하드려요! 매일 꾸준히 하시더니 결국 해내셨네요!"

말 한마디의 응원은 큰 힘이 된다. 특별한 날 응원과 축하의 메시지를 아낌없이 보내준다. 매일 투두리스트에서 보던 목표를 실행하는 날, 모두가 함께 좋은 성과가 있기를 간절히 바란다.

"매일 운동만 계속 미루게 되네요. 혹시 짧은 운동 같이 하실 분 계시나요?"

"물건이 넘쳐나는데 비우기 쉽지 않네요."

"제가 읽고 있는 비움 책 추천해 드려요. 보다 보면 비우고 싶어져요."

"오늘부터 1일 1비움 함께 하실 분?"

투두리스트를 보면 그 사람의 취미나 최근 관심사를 알 수 있다. 나와 맞는 관심사에는 자연스럽게 정보를 공유할 수 있다. 이미 경험한 사람의 조언을 듣는 것은 큰 도움이 된다. 작은 챌린지를 만들어 함께하면 더 꾸준히 오랫동안 할 수 있다.

"우리에게 정말 필요한 내용이네요. 5초 만에 실행력을 높이는 방법 영상 공유합니다."

좋은 내용을 나누는 데도 아낌이 없다. 서로의 긍정적인 에너지를 주고받으며 매일 조금씩 성장하고 있다.

모임에는 서로에 대한 적당한 관심과 오지랖이 필요하다. 너무 상대방에 대해 알려고 하면 투두리스트를 오픈하는 게 부담스럽겠지만, 또 너무 무관심하면 모임에 함께하는 의미가 없다. 우리는 매일 투두리스트에 내용을 적어 이 내용을 하겠다고 선언한다. 서로에 대한 작은 관심은 실행으로 이어진다는 걸 알고 있다. 서로에게 도움이 되려고 노력하는 꽤 멋진 모임을 만들어 가고 있다.

아Zoom마: 아이들 재우고 줌 미팅하는 마덜스

카카오톡에서만 만나기에 아쉬워 한 달에 한 번씩 줌 미팅을 열었다. 매번 하나의 주제를 정해 두 시간 동안 이야기를 나눴다. 대부분이 육아하는 엄마들이라, 밤늦게 아이들을 재우고 조용히 나와서 모여야 했다. 그래서 모임 이름이 '아이들 재우고 줌 미팅하는 마덜스, 아Zoom마'였다. 자기 계발하는 사람들의 모임이라 시간 사용이 귀하다. 밤늦은 시간 모여있는 시간이 단순한 수다로 날아가지 않게 하려고 알찬 시간으로 만들었다. 시간 관리 방법, 하반기 버킷리스트, 인생 책 공유 등의 다양한 주제를 통해 서로의 생각과 정보를 공유했다. 개인이 가진 핵심 마인드와 장점들을 나누면서, 좋은 책 한 권을 읽는 것처럼 값진 시간이 되었다. 좋은 내용은 받아 적고 나에게 맞게 적용해 나갔다. 줌 미팅이 몇 차례 진행되면서 멤버들 각자가 가지고 있는 재능을 기부하는 강의를 열었다.

책을 사랑하는 북꿈이 님은 3P바인더의 사용법에 대해서, 아라 님은 노션 강의를 해주었다. 음악치료사 정혜원 님께는 감정 코칭을 받고, 강사를 초빙해 아로마테라피, 성교육 등을 받았다. 《쓰기의 쓸모》 양지영 작가님을 초대해 우리만의 북토크를 진행하기도 했다. '아Zoom마' 참여는 힐링 시간이라고 입을 모았다. 한 달에 30만 원 하는 유료 모임 클래스 수준이라며 극찬이 이어질 정도로 인기 있는 시간이 되었다. 재미있다 보니 새벽까지 이어지는 경우가 많았는데 할 땐 좋지만 다음날에 영향을 미치게 되어 정해진 시간에 반드시 끝내고, 주제와 관련된 이야기만 한다는 강한 규칙이 정해지기도 했다.

이야기를 나누다 보면 혼자 머릿속에 고민했던 내용이 정리되는 효과가 있다. 또 좋은 아이디어가 떠오르기도 한다. 누군가 어려운 고민을 얘기하면, 우리는 달려들어 여러 가지 방안을 얘기했다. "제가 비슷한 경험이 있었는데요." "이렇게 해 보는 건 어때요?" 랜선 친구인 우리는 서로 돕기 위해 안달 난 사람들 같았다. 누군가 할지 말지 고민을 얘기하면 프로그램을 만들어 진행할 수밖에 없는 상황을 만들었다. 정말 좋은 아이디어라고, 그걸 실행했을 때 따라올 긍정적인 미래들을 생생하게 상상하며 진행하도록 했다. 다들 자기 일 아니라고 너무 쉽게 할 수 있다고 말한다며 웃었지만 덕분에 실행하게 된 일들이 많다.

리즈 약사님은 줌 미팅에서 받은 응원 덕분에 라이브 방송을 시작했다. 긴장되는 첫 방송에 멤버들이 달려가 응원의 메시지로 힘을 보태주었다. 필요한 영양제 추천하는 건강상담을 시작했고, 지금은 아이들과 가족의 건강을 위한 영양제를 개발하고 만드는 회사를 설립했다. 상대방의 장점을 잘 찾아내고 반짝이는 아이디어가 많은 반짝마미 님은 멤버들에게 딱 맞는 필요한 정보로 많은 도움을 주었다. 본인의 장점을 살려 코칭 전문가가 되었고, 현재는 육아와 여행 정보를 전달하는 인플루언서가 되었다.

아로마 공부를 막 시작한 선경 님은 "제가 아로마로 강의하게 되면 제일 처음으로 투두플랜 멤버분들 앞에서 하겠다"고 선언했다. 손재주가 좋은 자영 님은 베이킹, 보자기 등을 취미로 배우는데 언젠가 멤버들에게 강의해 주고 싶다고 말했다.

"우리 앞에서 말하면 다 해야 하는 거 알죠? 기다릴게요. 파이팅!"

2년 후, 선경 님은 아로마 공방을 오픈했고, 내가 운영하는 퓨처마인드 카페에서 투두플랜 멤버들에게 향기로운 첫 강의를 진행했다. 현재는 아로마 클래스를 진행하며 기업 출강으로 바쁜 하루를 보내고 있다. 자영 님도 연말 모임에 보자기 클래스 재능기부를 시작으로 강의를 이어가며, 자신만의 아이디어가 들어간 보자기 상품을 준비하고 있다.

말과 글에 뛰어난 재능을 가진 수정 님은 따뜻한 말과 힘이 되는 글로 사람들을 응원해 주었다. 송년회 때 투두플랜 멤버들 모두에게 딱 맞는 상장 문구를 지어주어 감동을 주기도 했다. 우리에게 말한 대로 차근차근 준비하며 80편의 시를 지었고, 시집《당신이 선명해질 때》를 출간했다. 우리가 선언한 꿈들이 하나둘 이루어지고 있다.

자기 계발에 가장 중요한 것은 '실행'이다. 계획이나 준비보다 실제로 하는 것이 중요하다. 그리고 실행은 본인만이 해낼 수 있다. 결국 해낸 것은 본인이지만, 우리의 뜨거웠던 밤 사랑의 잔소리와 응원이 지금의 성장에 도움이 되었으리라 확신한다.

성장할 수 있는 가장 큰 방법

모두의 공통 관심사는 '나만의 주제 찾기'였다. 내가 잘하는 건 무엇인지, 어떤 방향으로 나가야 할지 늘 고민했다. 나만의 전문 분야를 찾기 위해 강의를 듣고, 독서를 하며, 매일 투두리스트를 작성했다. 투두리스트 모임을 만들면서 가장 효과를 많이 본 사람은 당연히 모임을 만든 나라고 할 수 있다. 리더이다 보니 게을러질 수 없어 더 열심히 작성하고 실행했다. 함께 하자고, 열심히 하자고 말하면서 내가 하지 않으면 안 되었다. 모임 인원이 많아지면서 온라인 카페를 개설하고, 습관 챌린지를 만들어 리더를 뽑았다. 만들고 싶은 습관이나, 잘하고 싶은 분야의 리더가 되어 더 성장해 보자고 했다. 참가만 하는 것보다 리더가 되는 것은 확실한 차이가 있다. 리더로서 모임을 열어 진행해 보고, 줌 미팅을 열어보는 경험을 통해 다른 곳에서도 꿈을 펼칠 수 있길 바라는 마음이었다. 처음엔 주저했지만 서로의 응원으로 독서, 다이어트, 새벽 기상, 경제 공부 등의 다양한 챌린지가 열렸다.

정희 님은 한 해를 시작하면서 마음먹은 목표를 해내기 위해 큰맘 먹고 새벽 기상 챌린지 리더가 되었다. 매일 새벽 5시 15분 줌 독서실이 열린다. 줌 화면을 켜고 인사도, 한마디 대화도 없이 각자의 시간에 집중한다. 혼자만의 시간이지만 혼자가 아니다. 참여해야 한다는 긴장감에 잠을 설치고, 한동안은 낮잠을 무조건 자야 할 만큼 몸이 피곤하기도 했다. 겨우 몸을 일으

켜 줌 화면을 켜면, 다들 열심히 하는 모습에 자극받아 같이 열심히 하게 되었다. 정희 님은 멤버들을 위해 그날 얻은 인사이트나 좋은 글을 공유했고, 한 명 한 명을 응원하는 글을 적어주었다. 이는 힘들지만 지속할 수 있는 동기부여가 되었다. 두 달 후에는 스무 명에 가까운 사람들이 새벽 줌 독서실에 함께했다. 함께하는 줌 독서실은 100일을 넘기고, 1년 넘게 지속하며 좋은 습관을 만들어줬다. 우리는 정희 님 덕분에, 정희 님은 함께해 준 멤버들 덕분에 좋은 습관을 자리 잡게 할 수 있었다.

소라 님는 다이어트 챌린지를 진행했다. 5개월간 12킬로를 감량했던 경험으로, 지속 가능한 다이어트를 목표로 멤버들에게 코칭해 주었다. 다이어트를 시작할 때는 열정이 과해 짧은 기간 높은 목표를 설정하게 되지만 금방 포기하기 십상이다. 본인만의 지속 가능한 건강한 다이어트 노하우를 알려주며 일대일 코칭으로 챌린지 '함께 멀리'를 이끌어갔다. 챌린지를 진행하며 5킬로를 추가로 감량해 총 17킬로를 감량해 모두를 놀라게 했다. 함께한 멤버들도 건강한 다이어트 목표를 달성했다. 매일 나 자신과 멤버들에게 해주는 긍정 확언과 격려로 모임을 이끌고 간 소라 님은 대단한 리더였다.

우리는 모두 리더가 될 수 있다. 잘하고 싶은 분야의 리더가 되어 활동하다 보면 책임감을 느끼게 되고, 더 열심히 하며 꾸준히 하게 된다. 그렇게 하다 보면 그 분야가 어느새 나만의 것이 된다. 훌륭한 리더분들 덕분에 좋은 습관들을 꾸준히 이어갈 수 있었고, 이제 각자 분야에서 더 큰 성장을 이어가고 있다.

내 이야기도 책이 될 수 있을까?

첫 번째 버킷리스트는 책 출간

스무 살, 처음 버킷리스트를 작성할 때 '세계여행' 다음으로 쓴 것이 '책 출간하기'였다. 그때는 어떤 주제로 쓸지 전혀 계획도 없었고, 글쓰기도 정말 싫어했지만, 언젠가는 내 이름으로 책 한 권 내고 싶다고 생각했다. 매년 버킷리스트를 업데이트하면서 '책 출간하기' 목록을 보긴 했지만 글쓰기에 자신이 없어서 못 본척(?)했다. 그렇게 아무것도 하지 않아서 결국 아무 일도 일어나지 않았다. 이러다가 밑도 끝도 없는 그 언젠가는 절대 오지 않겠는데? 하는 생각이 들었고 책을 쓰기 위해 오늘 할 수 있는 작은 일부터 시작하기로 결심했다. 매일의 투두리스트에 글쓰기를 넣고 블로그에 무엇이든 기록하기 시작했다.

뭐라도 해 보겠다는 심정으로 책 쓰기 관련된 책을 읽고 강의도 들었다. 《책 쓰기가 이렇게 쉬울 줄이야》를 쓴 양원근 대표님의 강의에서 한마디가 마음에 들어왔다. "책은 성공하고 나서 쓰는 게 아니라 성공하기 위해 쓰는 겁니다. 아무나 할 수 있는 건 아니지만 누구나 할 수 있습니다." 뭔가를 이루고 나서 책을 쓸 수 있다고 생각했는데 아니었다. 그런데 정말 누구나 할 수 있다고? 그렇다면 내 이야기도 책이 될 수 있을까? 내 이야기는 뭐가 있지? 집으로 오는 길 많은 생각을 하며 결심했다. 내 이야기로 출판사와 계약하자! 기획안을 작성해 출판사에 보내기로 했다. 시작하기 좋은 타이밍은 저절로 생기지 않는다. 움직였을 때 기회가 보이고 준비되면 기회를 잡을 수 있다.

처음 잡았던 주제는 내가 좋아하고 오랫동안 써온 '버킷리스트'였다. 내가 할 수 있는 이야기들을 모아 목차를 짜보고, 기획의도와 내 책의 차별성에 대해서도 진지하게 작성했다. 그런데 쓰다 보니 자신감이 사라졌다. 버킷리스트라는 게 인생에서 이루고 싶은 큰 꿈들을 담은 리스트인데, 나는 그 정도의 큰 꿈들을 이루었나? 더 큰 꿈을 이룬 후 써야 하는 게 아닌가 생각이들었다. 자신감이 사라진 채로 글은 잘 써지지 않았고, 주제를 바꿔 세 가지의 기획안을 더 작성해 봤지만 결국 출판사에는 단한 건도 보내지 못했다. 그런데 일 년 후, 뜻밖의 일이 일어났다.

"투두리스트 관련 책을 써 볼 생각 있으실까요?"

4년 넘게 써온 투두리스트 덕분에 많은 일들이 일어나긴 했다. 많은 버킷리스트를 이룬 것도 투두리스트 덕분이기도 하다. 그런데 매일의 소소한 습관에 관한 이야기로 책 한 권 분량을 채울 수 있을까? 출판사 담당자와 첫 미팅을 잡고, 그동안 써놨던 여러 종류의 제안서와 글감들을 모아 투두리스트에 맞춰 목차를 짜기 시작했다. 어느 정도 준비가 된 모습을 보여드리고 싶었고, 내가 정말 한 권의 책을 쓸 이야기가 있는지 알아보고 싶었다. 며칠간 붙잡고 고민한 끝에 목차가 나왔다. 보내지 못한 기획안이지만 그동안 써 본 경험은 헛되지 않았다. 몇 번의 미팅을 거친 후, 책의 방향이 확정되었고 드디어 출간 계약서를 작성했다! 이제 정말 글만 쓰면 된다.

벽을 눕히면 다리가 된다

나는 글쓰기를 정말 싫어했다. 글쓰기 숙제를 하면 늘 가장 늦게 제출하는 아이였으며, 시간이 다 되면 아무거나 겨우 짜내서 칸만 채워 제출했다. 독후감도 당연히 짜깁기였다. 학교를 졸업하면 글쓰기란 과제는 없는 줄 알았는데, 아니었다. 취업 준비를 하려고 보니 자기소개서가 필요하다. 아무리 봐도 엉망인 내 자기소개서를 보고 언니가 대신 써줬다. 완벽한 대필 자기소개서 덕분인지 서류는 무조건 합격이었다. 난 그 자기소개서를 몇 년간 돌려 가며 필요한 여러 곳에 사용했다. 그런데 살면서 글쓸 일은 끊이지 않았다. 간단한 편지를 쓸 때도, 내 의사를 전달

할 때도 글쓰기가 필요했다. '난 글을 못써'라는 생각이 자리 잡아서인지 짧은 글을 쓰는 것조차 어려웠다.

세바시 강연을 듣다가 인상 깊은 구절을 만났다.

"어렵게만 느껴지는 벽을 두드려보라. 두드리다 보면 내가 벽이라고 생각했던 것들이 사실 굉장히 허술한 벽일 수도 있고, 마치 기다렸다는 듯이 다리가 되어주는 벽도 있을 것이다."

- 유병욱 크리에이티브 디렉터

두렵게만 느껴지는 것들이 하고 나면 아무것도 아닌 경우들을 종종 볼 수 있다. 난 겁이 많아 운전은 절대 못 할 거라고 생각했는데, 조금씩 연습하며 범위를 넓혀가다 보니 이제 두 아이를 태우고 장거리 운전도 문제없다. '못하는 사람'으로 자신을 규정하게 되면 정말 그런 사람처럼 행동하게 된다는 것을 깨달았다.

나는 '글쓰기를 싫어해'라는 생각을 강하게 가지고 있었지만, 아이러니하게도 기록하는 걸 좋아한다. 중학교 때부터 썼던 다이어리에는 간단한 하루의 기록을 남겼고, 나만 보는 다이어리에는 내 맘대로 글을 써왔다. '난 글쓰기를 못 해, 난 글쓰기를 싫어해'라는 글쓰기를 대하는 내 태도가 문제였지, 나는 계속 쓰는 사람이었다. 내 생각을 잘 전달하는 사람이 되고 싶고, 언젠가 책도 출간하고 싶은 마음이 들었다. 그래서 글쓰기 연습을 시작했다.

책을 읽고 간단하게 느낀 점을 쓰는 것부터 시작했다. 짧은 글을 쓰는데도 세 시간이나 걸렸다. 글쓰기 실력을 늘리는 방법 중 하나는 '앞뒤 가리지 않고 많이 쓰는 것'이라고 한다. 노래도 자꾸 불러봐야 잘 부르는 것처럼 글도 계속 써봐야 실력이 는다고 한다. 잘 쓰려고 하기보다 수다 떨 듯이 글을 써 보자! 그날 있었던 일을 간단히 쓰기도 하고, 주제를 정해 생각을 글로 써 보기도 했다. 자유롭게 술술 적어 간 날도 있지만 대부분은 머리를 쥐어짜 글을 썼다.

계속 글쓰기를 이어가기 위해서는 강제로 글을 쓰게 할 장치가 필요할 것 같았다. 남인숙 작가님의 카페 '어른 성장 학교'에서 100개의 글을 발행하는 '글 성장 프로젝트'에 참여했다. 성공한 사람들은 작가님과 함께 파티에 참여할 수 있는데, 그 동기부여로 더 열심히 글쓰기를 이어갔다. 매일 글 주제에 대해 고민했다. 그런데 어느 날은 자기 전 다음날 쓸 글감이 떠올랐고 '빨리 글을 쓰고 싶다'는 생각이 들어 깜짝 놀랐다. 글을 쓰고 싶어 하다니! 여전히 글쓰기는 쉽지 않지만 쓰고 싶다는 마음이 들었다는 것 자체가 큰 변화다. 100일 글쓰기를 마친 후 나에게 벽이라 느껴진 글쓰기가 더 이상 두렵지 않게 되었다. 아니 앞으로 그렇게 생각하기로 했다. 덕분에 또 하나의 버킷리스트를 이루기 위해 준비를 할 수 있게 되었다.

100일간 글쓰기 프로젝트를 진행하며 글쓰기에 대한 두려움이 조금씩 사라졌다.
두려움을 없애는 방법은 이루고자 하는 것에 자주 노출되는 것이다.

책쓰기가 이렇게 어려울 줄이야

책 출간은 출산의 고통과 같다고 하던데 그 고통을 아는(?) 사람으로서 절대 쉬운 도전이 아니겠구나 싶었다. 출간계약서를 작성하고도 글을 쓰지 못해 책을 내지 못했다는 이야기를 들었을 때, 내가 그중 한 명이 되지 않을까 하는 섣부른 걱정이 앞섰다. 안되면 될 때까지 하면 된다! 어떻게든 책을 출간하겠다고 결심했다.

처음에는 책을 쓴다는 설렘에 가득 차서 무슨 이야기를 할지, 어떤 메시지를 전달할지 고민하며 벅찬 마음으로 시작했다. 하지만 글을 쓰는 과정에서 그 설렘은 점차 부담과 스트레스로 다가왔다. 이렇게 많은 양의 글을 쓰는 건 처음이고, 4년의 이야기를 풀어서 쓰려니 쉽지 않았다. 떠오르는 수많은 이야기를 어떻게 잘 풀어내야 할지 몰라 목차 수정만 수십 번을 반복했다. 머릿속에 엉킨 이야기들을 꺼내서 고민에 고민을 더해 계속해서 썼다 지우기를 반복했다.

글을 쓰는 시간을 마련하는 것도 쉽지 않았다. 일도 해야 하고, 육아도 해야 하고, 일상에 쫓겨 시간은 항상 부족했다. 출근하지 않는 새벽에 일어나 조용히 글을 쓰고, 아이들이 오기 전에 잠깐 집중해 글을 썼다. 아이들이 함께 있으면 5분에 한 번씩 "엄마!"를 불러대는 통에 도저히 집중할 수 없었다.

과거를 회상하며 글을 쓸 때는 그때의 감성에 푹 빠져버리곤 했다. 잘 풀리지 않았던 시절을 떠올리면 감정이 복받쳐 오르기도 하고, 괴롭기도 했다. 그때의 나를 다독이며 천천히 나를 만나보았다. 그리고 내 마음을 다독여 주다 보니 조금씩 치유가 되었다. 이래서 글을 쓰라고 하는 거구나, 글쓰기는 내 감정을 들여다보고 나를 돌아보는 과정이기도 하다. 쓰다 보니 마음이 조금씩 편안해지는 것을 느꼈다. 그동안 열심히 노력했던 순간들을 다시 돌아보며, 그때의 기특한 나를 칭찬해 주었다.

하지만 기어코 정체의 시기가 찾아왔다. 글을 써야 한다는 압박감이 커지면서 몇 시간을 앉아있어도 단 몇 줄 쓰기가 어려웠다. 글 쓸 시간을 확보할 수 없어 속상했는데, 막상 시간을 가져도 글이 써지지 않으니 화가 났다. '내가 과연 책쓰기를 끝낼 수 있을까?' 자신을 의심했다. "아냐, 할 수 있어! 힘내자!" 두 얼굴을 가진 지킬과 하이드처럼 자책도 했다가, 다짐했다가를 반복했다. 투두리스트에 있는 '글쓰기'가 며칠째 지워지지 않는다. 잘 안 써지는 마음이 너무 힘들어서 그냥 놓아버리고 싶기도 했다. '글쓰기' 목록을 삭제했다. 잘 안될 때는 잠시 잊고 다시 새롭게 시작하는 것도 방법이다. 며칠 쉬고 나니 다시 또 괜찮아졌다. 그러길 반복했다.

끈기가 의심될 때 하는 방법이 있다. 바로 '공개 선언의 법칙'이다. 목표한 일을 공개적으로 알리는 것이다. 나는 누군가의 시선을 많이 의식하는 사람이라서, 이 방법은 스스로 다짐보다도 효과적이었다. 게을러지고 늘어진다 싶으면 친구에게도, SNS에도 "나 책 쓰고 있어요!"라고 알렸다. 속으로 '이제 어쩌지?' 싶으면서도 잘 안될 때일수록 마음을 다잡기 위해 더 알려서 도망갈 구석이 없게 만들었다. 여기저기 많이 알린 탓에 "책 잘 쓰고 있어?"라는 질문도 종종 받았다. "돌아버리겠어!"라고 말하고 싶었지만, "계속 쓰고 있어!"라고 말하며 겨우 다시 책상에 앉아 글쓰기를 이어갔다. 계속 이어가다 보니 어느새 책의 형태를 갖춰가고 있다. 예상은 했지만 책쓰기가 이렇게 어려울 줄이야! 그렇게 고군분투하고 좌절과 의심을 반복하며 힘들어했는데도 불구하고 또 생각해 본다. '혹시 내가 다음 책을 쓴다면 말이야.'

나만의 속도가 있다

비교하지 않기로 해, 잘하고 있어

"이렇게 열심히 할 필요가 있을까?"

한동안 투두리스트를 쓰지 않았다. 모든 게 내 맘 같지 않아서 그냥 쉬고 싶었다. 한창 불타올라 새벽에 일어나 싶다리스트 강의하고, 모임을 열고, 에너지를 쏟아부었는데 순식간에 열정이 꺼져버렸다. 투두리스트 커뮤니티를 만든 지 2년 반이 지나면서 인원이 많아지다 보니 운영에 어려움을 겪게 되었고, 슬슬 불만의 목소리도 나오기 시작했다. 모두를 만족시킬 순 없다는 걸 알면서도 모두를 만족시키고 싶은 마음에 전전긍긍했다. 사실 그즈음, 나는 스스로가 매우 부족하다고 느끼고 있었다. 커뮤니티의 리더로 활동하면서 '나는 잘하고 있는 걸까' 의심했다.

내 일에 집중하기에도 시간이 부족한데 커뮤니티 운영에도 신경 쓰려니 둘 다 제대로 될 리 없다. 열심히 살고 있는 것 같은데 눈에 보이는 성과도 없었다. 다른 분들의 성장을 지켜보면서 부러웠고, 나는 잘할 수 있을까 두려웠다. 내가 열심히 준비한 강의를 들은 사람 중 몇 분이 그 내용 그대로 가져가 강의하고 있는 걸 보면서 마음이 무너져 내렸다. 내가 할 수 있는 무언가를 열심히 찾아왔는데, 나만 할 수 있는 게 아니었다. 누구나 할 수 있는걸 하고 있다는 생각에 허무했다. 당연히 비슷한 강의는 많다. SNS 강의도, 스마트 스토어 강의도, 자기 계발 강의도 수 없이 많다. 그 안에서 꾸준히 이어가다 보면 결국 나만의 스토리로 인정받는 사람이 될 텐데, 그 사실을 알면서도 그땐 쉽게 무너져버렸다. '왜 굳이 애쓰면서 힘들게 사는 걸까? 그냥 안 해도 되는데.'

나는 느린 사람이다. 머릿속에 워낙 생각이 많기도 하고, 실행으로 옮기기까지 시간이 걸린다. 게으름 때문이기도 하고 때로는 귀찮기도 하고 잘 안될까 걱정이 되어 시간이 걸린다. 그러니 비교하다 보면 나는 다른 사람에 비해 늘 느린 사람이다. 생각해 보니 나는 단거리 달리기가 유독 힘들어했던 기억이 있다. 운동회 때 달리기 출발을 알리는 총소리가 무서워 긴장하다 보니 일단 출발부터가 늦었다. 출발 후 몇 초 만에 끝나버리는 단거리 달리기에서는 늘 선두에 설 수 없었다. 그러나 장거리는 자신 있었다. 느리지만 멈추지 않고 가다 보면 끝에 도달할 수 있었다. 나는 천천히 꾸준히 하는 사람이다. 다른 사람의 속도에 비교하면 잘나가는 사람들만 보일 테니 위축될 수밖에 없다. 나만의 속도가 있다. 지금까지 잘 해왔고, 잘하고 있으니, 앞으로도 잘할 거다. 중요한 건, 놓지 않고 계속 이어가는 것이다.

다시 시작하는 투두리스트

초등학교 1학년인 첫째 아이의 학교에서 진행하는 진로 축제에 학부모 재능기부 수업 참여 안내문이 왔다. "엄마도 꼭 해 줬으면 좋겠어!"라고 얘기하는 딸아이의 말에 일주일 동안 고민하다가 참여 신청서를 제출했다. '꿈을 적고 실행하는 방법'을 주제로, 투두리스트 강의를 하기로 했다. 고민하는 척했지만 사실, 안내문을 받자마자 하고 싶었다. 잘할 수 있을지 걱정되어 조금 뜸 들였던 거다. 싶다리스트에 '아이들을 위한 투두리스트 강의하기' 목표가 이미 들어있었다. 그런데 이렇게 빨리 기회가 올 줄 몰랐다. 하고 싶은 일들은 어떻게 해서라도 이루어진다. 초등학교 저학년 아이들에게 어떻게 쉽게 설명할지, 어떤 커리큘럼으로 알차게 채울지 열심히 고민하며 수업 자료를 만들었다. 현직 교사인 송이 님의 조언을 받아, 아이들이 쉽게 이해할 수 있게 예시도 많이 준비했다. 아이들에게 선물 할 투두리스트 메모지와 스티커도 준비했다. 오랜만에 강의 준비에 신이 났다.

스무 명의 반짝이는 눈을 보며 수업을 시작했다. "여러분들은 꿈이 뭐예요?" 아이들의 알록달록한 꿈 발표를 들으니 절로 미소가 지어진다. 귀여운 글씨로 투두리스트를 채우는 아이들, 참

야무지기도 하다.

"꿈을 위해 오늘 할 수 있는 아주 작고 쉬운 일들을 매일 투두리스트 종이에 쓰고 실행하면, 꿈을 이룰 날이 반드시 올 거예요." 반복해서 계속 이야기해 주었다.

아이들이 이해하지 못해도 괜찮다. 꿈을 적어봤고, '투두리스트'라는 단어를 듣고 써봤다는 것만으로도 충분히 의미 있는 시간이라고 생각한다. 4교시 수업하고 나니 목이 다 쉬었다. 그런데 분명히 몸은 피곤한데 에너지가 다시 솟는 기분이다. 역시 움직여야 에너지가 돈다. 다시 또 무언가를 열심히 시작하고 싶어졌다.

"그리운 분들 잘 지내고 계시죠?"

오랜만에 카카오톡 채팅방에 말을 걸었다. 이 말을 꺼내기가 왜 이렇게 어려웠는지 모르겠다. 투두리스트 모임을 잠시 쉬려고 했는데 몇 개월이 훌쩍 가버렸다. 투두리스트를 쓰지 않는 동안 많이 나태해졌다. 목표가 있어도 좀처럼 진전이 없고, 자꾸 게을러지고 미루게 되었다. 다시 다짐하며 투두리스트를 써보지만 혼자 하려니까 심심하다. 다시 모임을 해 볼까? 몇 번이고 생각했지만 누가 다시 와줄까? 걱정이 앞섰다. 코로나가 풀리며 외부 활동이 많아져 다들 바빠졌다. 성장하기 위해 다 같이 열심히 살았던 시간들 덕분에 모두 각자의 자리에서 활발하게 활동하고 있다.

고민하다가 말을 꺼냈다. 다시 한번 소소한 하루를 공유하며 서로를 응원해 줄 분들 모여보자고. 감사하게도 스무 명의 가까운 사람들이 다시 모였다. 기다렸다는 듯 반갑게 맞아주고 함께해 줘서 눈물 나게 고마웠다. 다시 매일 이른 아침부터 투두리스트 인증이 올라온다. 바뀐 게 있다면 투두리스트의 내용이다. 전에는 새로운 습관을 만들기에 열중하며 자기만의 길을 찾기위해 노력했다면, 지금은 자기만의 것을 찾아 열심히 가고 있다는 것이다. 우리 모두 그때보다 성장했다.

우리에게 필요한 건 작은 관심과 응원

"투두리스트 덕분에 진짜 도움 많이 받고 있어요! 시간 관리도 잘 돼서 더 많이 해내고 있습니다."

내가 하는 활동이나 내가 만든 모임이 도움이 되었다는 얘기를 들을 때마다 정말 뿌듯하다. 내가 필요한 사람이 되어, 좋은 영향을 미치고 있다는 생각에 기분이 좋아진다. 사실, 모두 본인들이 해낸 일인데 내게 고마움을 표현해 주어서 감사하다. 그 한마디가 계속 열심히 나아가게 하는 힘이 된다. 더 잘해야겠다는 생각이 들고, 더 많이 나누고 싶어진다.

남편은 늘 감사의 표현을 아끼지 않는다. "수고했다, 고맙다, 덕분에 해냈다."는 말은 기분을 사르르 풀어주는 마법 같은 말이다. 나는 예전에는 표현이 서툴렀던 사람인데, 남편 덕분에 표현하는 법을 배워, 이제 나도 사람들에게 더 많은 감사의 말을 전할 수 있게 되었다. 말의 힘은 정말 대단하다. 한마디에 지친 마음을 위로받고, 다시 일어설 수 있는 원동력이 된다.

우리는 서로 다른 에너지 리듬을 가지고 있다. 힘든 날에는 에너지가 넘치는 사람에게 힘을 받고, 활력이 넘치는 날에는 나도 그 에너지를 나누며 살아간다. 또한 우리는 각자의 리듬으로 살아간다. 때로는 느리게, 때로는 빠른 속도로 힘차게 달려가기도 한다. 천천히 가도 괜찮다. 중요한 것은 멈추지 않고 계속 나아가는 것이다. 비교하지 말고, 자신만의 속도로 꾸준히 나아가자.

투두리스트는 단순히 계획을 세우는 도구가 아니다. 나 자신을 돌아보게 하고, 사람들과의 관계 속에서 응원과 격려를 나누는 매개체가 되기도 한다. 서로의 성장을 응원하고, 작은 관심을 나누며 살아갈 때, 우리의 일상은 더 큰 의미와 행복을 얻게 된다.

지금 이순간에도 누군가가 나의 한마디로 힘을 얻고 있을지 모른다. 그러니 아끼지 말고 작은 관심과 응원을 나누자.

당신의 꿈은 무엇인가요

미시즈 미인대회에서 같은 방을 썼던 룸메이트 주연 언니가
물었다.

"하고 싶은 게 뭐예요?"

"책을 쓰고 싶어요. 작가가 되고 싶어요."

세상에 내가 이렇게 대답했다고 한다. 그 당시에는 출간에 대
한 구체적인 계획도 전혀 없었고 심지어 글쓰기도 두려워했을
시기였다. 갑자기 받은 질문에 내가 오래도록 생각만 하고 있던
꿈을 이야기했나 보다. 그런데 말로 꺼낸 그 대답이 나에게 또
다른 전환점이 되었다.

그 후로 나는 책쓰기 강연을 듣기 시작했다. 그리고 다음 해

에 목표로 출판사와 계약하기를 적었고, 그다음 해에 정말로 출판사와 계약을 하게 되었다. 언니에게 한 말이지만 내가 말한 꿈을 스스로 듣고 있었고, 그 말이 결심할 수 있게 해준 계기가 되었다. 그리고 정말 실행으로 이어졌다.

하고 싶은 걸 적어보고 계속 말하자. 누군가에게 알리기 위해서라기보다, 내가 들을 수 있게 계속 말하자. 말하는 순간 그 꿈은 나만의 이야기가 아니라 현실로 다가온다.

"미래 님, 앞으로 꿈이 뭐예요?"

매일 투두리스트를 작성하며 목표를 하나씩 이루어가는 나를 보면서 사람들은 종종 물어본다. "다음 스텝은 무엇인가요? 어떤 꿈들을 가지고 있나요?" 100여 개의 싶다리스트 중 나는 또 어떤 선택을 하게 될까? 매일의 투두리스트에 어떤 재미있는 일들을 적어나갈까?

최근에 10년 전에 적어 둔 꿈이 동시에 이루어졌다. 카페 오픈과 책 출간. 적을 땐 정말 막연했던 꿈이었는데, 이제는 현실이 되었다. 그 과정을 떠올려 보면 정말 힘들고 바빴지만, 하고 싶던 일을 한다는 것만큼 기분 좋은 일이 없다. 그리고 간절하게 원하는 꿈들은 시간이 걸리더라도 언젠가 이루어진다는 걸 또 한 번 느낀다. (그런데 왜 부자 되고 싶다는 꿈은 쓰지 않았을까!)

나는 앞으로 살아가는 인생이 늘 기대되고 신나도록, 계속해서 '하고 싶은 일을 찾고 실행하는 사람'이 되고 싶다. 그러기 위해서 필요한 몇 가지가 있다.

☑ 하고 싶은 걸 시작하는 '용기' 갖기

☑ 기회가 왔을 때 놓치지 않도록 '자신감' 키우기

☑ 도전할 수 있는 '체력' 만들기

☑ 실행할 수 있게 '자본' 준비하기

☑ '비전과 목표'를 설정해 주체적으로 실행하기

☑ '지속적인 자기 계발'을 통해 필요한 역량과 지식 습득하기

☑ 어려움에 직면해도 긍정적으로 대처하고 도전의 기회로 삼는

   '긍정적인 마인드셋' 갖기

이 모든 것은 한 번의 경험으로 이루어지는 일이 아니라, 꾸준히 반복해야 유지되는 것들이다. 매일 투두리스트를 작성하며 작은 실행을 쌓아가며, 나를 업그레이드해야 한다.

나는 내 이야기로 누군가에게 영감을 주고, 꿈을 향해 갈 수 있도록 힘이 되어 주고 싶다. 내 일상의 기록이 누군가에게 긍정적인 영향을 미친다는 걸 알고, 책을 쓰게 될 힘을 얻었다.

"매일 투두리스트를 쓰고, 목표를 이뤄가는 모습을 보고 많이 배웁니다."

"일상이 무의미하고 지루했는데 덕분에 저도 버킷리스트 쓰면서 하나씩 해봅니다."

"투두리스트 모임 덕분에 시간 관리에 정말 많은 도움 받고 있어요."

내가 해온 작은 실천들이 누군가에게 변화의 시작이 되고, 목표를 향해 나아가는 힘이 되어 주는 일은 정말 큰 보람을 느끼게 한다. 앞으로도 계속해서 내 경험과 가치를 나누고 싶다.

유명한 자기 계발서를 읽으면 가끔은 다른 세상 사람 이야기 같다. 엄청난 모험에 도전하고, 상상하기 어려운 일들을 해내며 엄청난 부를 가지게 된 이야기들. 이미 배경이 훌륭한 사람들의 이야기들을 보면, 가끔은 한 편의 소설을 읽은 것처럼 느껴지기도 한다. 그들의 이야기에서는 거대한 스케일의 꿈이 펼쳐지는데, 나처럼 평범한 일상을 사는 사람에게는 조금 먼 이야기처럼 들리기도 한다. 가끔은 어떤 동기부여로 그들의 이야기를 따라 운동도, 독서도, 자기 계발도 시작해 보지만, 개미 발바닥 만큼씩 따라가다 보니 현실에서 작은 변화를 눈치채지 못하고 빨리 그만두게 되는 경우가 많다. 열심히 한 것 같은데 성과가 보이지 않아 지쳐서 포기하게 된다. 그런 경험이 반복되다 보니, 그들의 이야기가 더 소설처럼 느껴지기도 한다.

이 책에는 소설 같은 큰 스케일의 이야기는 없다. 대신, 일상의 작은 성공 이야기들이 담겨있다. 그만큼 더 현실적이고, 쉽게 따라 할 수 있는 이야기다. 투두리스트, 종이 한 장으로 인생이 바뀌기 시작한 이야기들. 이 책은 하고 싶은 일을 찾고, 시작할 수 있는 용기를 주며, 나만의 이야기를 만들어 나가는 데에 도움이 될 것이다.

꿈을 노트에 적으라고 얘기하지만, 무엇을 적어야 할지 망설이는 분들에게, 이 책을 읽으며 종이 한 장에 내가 하고 싶은 일들을 적을 수 있게 돕고 싶다. 그리고 투두리스트를 적으며 하나씩 작은 실행을 이어가는 기쁨을 누릴 수 있으면 좋겠다.

매일 투두리스트를 함께 작성하며 힘이 되어 준 '투두플랜' 멤버들께 진심으로 감사드린다. 누구의 아내, 누구 엄마로 불리기보다 나 자체로 빛나길 바라고 응원해 주는 남편의 지지 덕분에 모두 해낼 수 있었다. 무한한 사랑을 주는 우리 가족 소윤이, 재윤이, 양가 부모님께도 깊은 감사의 마음을 전한다.

이룰 수 있는 꿈이라는 '믿음', 그리고 꿈을 향해 한 발짝 나아갈 수 있는 '용기'가 있다면 이루지 못할 꿈은 없을 것이다. 즐겁게 꿈꾸고, 실행하고, 성장하는 모든 분들의 삶을 응원한다.

심미래

투두리스트, 종이 한 장의 기적

초판 1쇄 발행 | 2025년 2월 6일

글·사진	심미래
펴낸이	이정하
디자인	원스프

펴낸곳	스토리닷
주소	서울시 서초구 방배동 934-3 203호
전화	010-8936-6618
팩스	0505-116-6618
ISBN	979-11-88613-54-0 (03320)

홈페이지	blog.naver.com/storydot
인스타그램	@storydot
전자우편	storydot@naver.com
출판등록	2013. 09. 12 제2013-000162

스토리닷은 독자 여러분과 함께합니다.
책에 대한 의견이나 출간에 관심 있으신 분은 언제라도 연락주세요.
반갑게 맞이하겠습니다.